任继愈论儒佛道

任继愈 著

■ 國家圖書館出版社

图书在版编目（CIP）数据

任继愈论儒佛道/任继愈著. --北京:国家图书馆出版社,2016.12
ISBN 978 - 7 - 5013 - 6007 - 9

Ⅰ.①任…　Ⅱ.①任…　Ⅲ.①儒家—中国—文集②佛教—中国—文集③道教—中国—文集　Ⅳ.①B222.05 - 53②B948 - 53③B958 - 53

中国版本图书馆 CIP 数据核字(2016)第 311242 号

责任编辑：耿素丽　王　雷

书名　**任继愈论儒佛道**

著者　**任继愈　著**

出版　国家图书馆出版社(100034　北京市西城区文津街 7 号)
　　　(原书目文献出版社　北京图书馆出版社)

发行　010 - 66114536　66126153　66151313　66175620
　　　66121706(传真)　66126156(门市部)

E-mail　nlcpress@ nlc. cn(邮购)

Website　www. nlcpress. com → 投稿中心

经销　新华书店

印装　河北三河弘翰印务有限公司

版次　2016 年 12 月第 1 版　2016 年 12 月第 1 次印刷

开本　880 × 1230(毫米)　1/32

印张　5. 25

字数　116 千字

书号　ISBN 978 - 7 - 5013 - 6007 - 9

定价　20. 00 元

出版说明

　　任继愈先生是我国 20 世纪著名的哲学家、宗教学家和历史学家，是我国坚持运用马克思主义原理进行学术研究的优秀代表，中国马克思主义宗教学的开创者和奠基人，中国哲学、宗教学领域高瞻远瞩的学术研究领导者和优秀的学术活动组织者。任先生毕生致力于中华优秀文化的整理、研究、传播、发展，并以勤奋不懈的思考和身体力行的实践，为我们留下了丰赡的文化遗产。因此，梳理、总结任先生的理论与实践，不仅具有十分重要的学术价值，也具有十分重要的学术导向作用。

　　国家图书馆是任先生生前长期工作的地方。国家图书馆出版社作为国家图书馆下属的出版机构，编辑出版任先生的学术论著，使之嘉惠学林、泽被后世，既是一种使命，也是一种荣誉，更是全社员工的共同心愿。因此，我社于 2013 年相继推出两大系列——"任继愈著作系列""任继愈研究会丛书系列"。其中，"任继愈著作系列"出版了《魏晋南北朝佛教经学》《宗教学讲义》；"任继愈研究会丛书系列"出版了《任继愈的为人与为学》。

　　为将任先生一生的学术思想和研究成果进行系统整理和总结，为后人学习与研究任先生的思想提供系统性的学习参考资料，2014年我社出版了国家出版基金项目《任继愈文集》。《文集》收入任先生自 20 世纪 40 年代开始在各种期刊、报纸及内部刊物上发表的文章六百余篇,约四百万字,多为未刊稿,分为十册,涉及宗教、哲学、史学等领域。共分八编:第一编宗教学与科学无神论研究;第二编中国哲学史研究;第三编佛教研究;第四编儒教研究;第五编道教研究;第六编论古籍整理;第七编史学研究;第八编杂著。它是目前收录最全、文字最为可靠的任继愈先生的文集。它体大思精,充分体现了任继愈先生博大的思想和治学理念。

《任继愈文集》中收入的是任先生六十余载学术生涯的研究成果,是一部集大成之作。为方便使用、便于普及,我们从中按专题辑出四种:《任继愈论历史人物》《任继愈论儒佛道》《任继愈论文化与教育》《任继愈论古籍整理》,纳入"任继愈著作系列"。其中,《任继愈论历史人物》按历史人物生活的时代分为古代、近现代两部分,收入文章四十八篇,另有相关文章三篇作为附录收入其中;《任继愈论儒佛道》按内容划分为儒教、佛教、道教三部分,收入文章二十八篇;《任继愈论文化与教育》按内容划分为人文精神与道德建设、人才培养、传统文化与经典教育、北大与西南联大、文化交流、杂记六部分,收入文章四十六篇;《任继愈论古籍整理》按内容划分为古籍整理与保护、《中华大典》、《中华大藏经》、儒释道经典整理、其他古籍整理五部分,收入文章四十一篇。这四个专题从四个侧面展示了任先生对中华民族历史文化的深厚情怀与深刻反思的高度统一,高屋建瓴,便于读者阅读理解。

一代学术宗师任继愈先生留给后人的是一笔无比丰厚的精神财富和学术遗产,值得我们去慢慢回味、研究、发扬光大。它们不仅能够使当代人得到教诲和启迪,而且应该传扬于子孙后代。

国家图书馆出版社

2016 年 11 月

论儒教的形成[①]

中国哲学史是在中国这块土地上生长、发展的,中国社会历史的特点,决定了中国哲学史的面貌和性质,正像欧洲的社会历史决定欧洲哲学史的面貌和性质一样。

中国有文字记载的历史绝大部分是封建社会的历史,中国哲学史的发展主要是在中国封建社会历史时期进行的。研究中国哲学史,如果把中国封建社会的哲学史研究清楚了,找到它的基本规律,中国哲学史的主要任务也接近完成了。中国封建社会历史有哪些特点,大家的意见还不一致,剔除其分歧的部分,总还有些基本上被人们公认的部分。简略地说,中国的封建社会历史约有以下几个特点:

(1)中国封建社会维持的时间长久而稳定;

(2)封建宗法制度发展得比较完备;

(3)中央集权下的多民族的大一统国家结构形成得早,分裂不能持久;

(4)农民起义次数多,规模大;

① 据《任继愈学术论著自选集》,北京师范学院出版社,1991 年版。原载《中国社会科学》1980 年第 1 期,曾收入《儒教问题争论集》,宗教文化出版社,2000 年版。

(5)在中国的封建制度下,资本主义没有得到很好的发展。

如果把中国封建社会发展的阶段再进一步划分,可以分为以下的六个时期:

(1)分散割据的封建诸侯统治时期(春秋战国到秦统一前);

(2)中央集权的封建专制制度建立时期(秦汉);

(3)门阀士族封建专制时期(魏晋南北朝);

(4)统一的封建国家重建、兴盛与地方割据时期(隋唐五代);

(5)封建国家中央集权制完备与社会停滞时期(宋元明);

(6)封建社会僵化没落时期(清)。

以上六个时期,隋唐以前封建社会在发展、在前进,宋元明以后封建社会制度则开始停滞以至僵化。在上述经济、政治形势变动的同时,代表统治阶级利益的思想体系也相应地发生着变化。

封建社会的上述历史特点和历史过程,造成了以儒教为中心的封建意识形态,这种同封建宗法制度和君主专制的统一政权相适应的意识形态,对劳动人民起着极大的麻醉欺骗作用,因而它有效地稳定着封建社会秩序。为了使儒家更好地发挥巩固封建经济和政治制度的作用,历代封建统治者及其思想家们不断地对它加工改造,逐渐使它完备细密,并在一个很长时间内,进行了儒学的造神活动:把孔子偶像化,把儒家经典神圣化,又吸收佛教、道教的思想,将儒家搞成了神学。这种神学化了的儒家,把政治、哲学和伦理三者融合为一体,形成了一个庞大的儒教体系,一直在意识形态领域占据着正统地位,对于巩固封建制度和延长其寿命,起了十分巨大的作用。

春秋时期孔子创立的儒家学说本来就是直接继承了殷周奴隶制时期的天命神学和祖宗崇拜的宗教思想发展而来的,这种学说的核心就是强调尊尊、亲亲,维护君父的绝对统治地位,巩固专制宗法的等级制度。所以这种学说稍加改造就可以适应封建统治者的需要，本身就具有再进一步发展成为宗教的可能。但是在先秦它还不是宗教，只是作为一种政治伦理学说与其他各家进行争鸣。由儒学发展为儒教是伴随着封建统一大帝国的建立和巩固逐渐进行的，曾经历了千余年的过程。孔子的学说共经历了两次大的改造。第一次改造在汉代，它是由汉武帝支持，由董仲舒推行的，这就是中国历史上所谓"罢黜百家，独尊儒术"的措施。汉代大一统的中央集权封建宗法专制国家需要一套在意识形态上和它紧密配合的宗教、哲学体系。孔子被推到了前台，董仲舒《白虎通》借孔子的口，宣传适合汉代统治者要求的宗教思想。第二次改造在宋代，宋统治者集团利用机会从唐末五代分散割据的混乱局面中捞到了政权。他们鉴于前朝覆亡的教训，把政治、军事、财政、用人的权力全部集中在中央。宋朝对外宁可退让，对内则强化中央集权的封建宗法专制制度；思想文化领域里也要有与它相适应的意识形态相配合。汉唐与宋明都是中央集权的封建宗法专制制度的国家，但中央权力却是越来越集中，思想文化方面的统治方法也越来越周密。为了适应宋朝统治者的需要，产生了宋明理学，即儒教。儒家的第二次改造，虽说完成于宋代，追溯上去，可以上溯到唐代。韩愈推崇《大学》，用儒家的道统对抗佛教的法统。李翱用《中庸》来对抗佛教的宗教神秘主义。到宋代朱熹则把《论语》《孟子》《大学》《中庸》定为"四书"，用一生精力为它作注解。朱熹的《四书集注》被宋以后的历代封建统治者，定为全国通用的教科书。"四书"从十三经中突出出来，受到特殊的重视。

下面，我们就从汉代起回溯这个历史过程。

封建大一统的局面形成之后，必然要求与它相适应的哲学作为指导思想。秦王朝不加掩饰地实行严刑峻法，结果很快覆亡了。贾谊《过秦论》就总结了这一教训。汉初的黄老之术,虽有一时的作用,也不是封建国家长治久安之策。统一的封建帝国需要这样一种思想体系:它能够用统一的神权来维护至上的君权,它能够用祖先崇拜来巩固宗法等级制度,它又能够用仁义道德的说教来掩饰统治者对劳动人民的压迫和剥削。为了寻求合适的思想体系,西汉王朝探索了六七十年之久,终于选中儒家,出现了儒家的代表人物董仲舒。董仲舒为了巩固政治的统一,主张思想统一,提出"罢黜百家,独尊儒术"。从董仲舒起,孔子被抬上了宗教教主的地位。春秋时期的孔子是一位政治家、思想家、教育家和儒家学术团体的领袖,但常常被嘲弄、被冷遇;汉代的孔子就成了儒教的庄严、神圣的教主,他被塑造成神,成了永恒真理的化身。汉代封建统治者希望人民去做的许多事,都假借孔子的名义来推广,封建宗法制度进一步得到巩固、加强。"三纲"说在荀子、韩非的著作中已开始提出,但那时只是一家之言,表达一种政治伦理思想。汉代董仲舒以后,通过政府把它推广到社会生活中去。东汉的地方察举制度曾规定了许多道德品目,如"孝廉",既是一种道德品质,同时又是一种做官进仕的条件。儒家的封建伦理和社会政治的制度结合得更紧了。西汉和东汉统治者为了巩固中央集权,他们使王权与神权进一步合流,为王权神授制造理论根据。但在实际政治生活中,他们把神权限制在王权之下,而不允许平起平坐,更不用说神权凌驾王权之上了。

中国封建统治者,由于和农民起义打交道的经验多,日益感到利用宗教化的儒学来麻痹人民的反抗意志十分必要。因此,汉代开始采用儒家的经典来为他们的政治、法律的措施作说明。汉武帝时,张汤决狱,要从《春秋》中找根据(其实是捕风捉影,与《春秋》没有关系)。东汉以皇帝名义召开的白虎观的会议,更是用政权来推行神权、用神权维护政权的典型例子。这时的儒家的面貌已经不同于先秦的儒家,孔子地位被抬高了。

汉代的儒家,先按照地上王国的模特儿塑造了天上王国,然后又假借天上王国的神意来对地上王国的一切活动发指示。这就是汉代从董仲舒到白虎观会议的神学目的论的实质。天为阳、为君、为父、为夫;地为阴、为臣、为子、为妇。天地自然界的秩序被说成像地上汉王朝那样的社会秩序。自然界也被赋予封建伦理道德的属性。虽然没有西方上帝造人类那样的创世说,但也有类似的地方。儒家定于一尊,儒家的经典成为宗教、哲学、政治、法律、道德、社会生活、家庭生活以及风俗习惯的理论依据。哲学虽不像欧洲中世纪那样都成为神学的婢女,但成了六经的脚注,非圣等于犯法。所谓圣人就是尧、舜、禹、汤、文、武、周公、孔子等儒家所崇拜的偶像。

东汉末年的黄巾大起义,动摇了汉王朝的政治统治基础。王权与神权紧密配合的汉王朝崩溃,代之而起的是分散割据的地方封建势力。政治上出现了三国分立的局面。三国时,商业交换基本停止,不再铸造货币,出现了更典型的自然经济。以王权、神权相结合的儒家正统思想——神学目的论也受到了致命的冲击。这时出现了魏晋玄学,在民间和社会上层相继发展了佛教、道教。这时,我国北方、南方少数民族也纷纷武装起义来反抗汉族的政治压迫。他们的领袖人物中有的是被卖的奴隶,后来起义成功,建立了王朝①。在思想领域,他们首先冲击的是儒家内中华而外夷狄的思想。少数民族统治者信奉佛教。汉族群众信奉佛教和道教。五斗米道、太平道在农民中间广泛流行。

由于中国广大地区已具有高度的封建经济、政治和文化,少数民

---

① 如以刘聪、石勒等人(《晋书》卷一○二及卷一○四)为代表的北方少数民族的起义。

族掌握政权后,由奴隶制社会很快被带进了封建社会。封建社会的统治和被统治的关系,也很快被他们接受。具有中国特点的封建宗法专制主义也还得被重视。因为这一套统治人民的经验行之有效,而这一套封建伦理道德规范在儒家有深远传统。当然,起决定作用的是中国封建的经济结构和社会结构。中国封建社会的宗法制度是与中国封建社会相终始的,三纲五常被儒家说成是万世不变的规范。说"万世不变",这是古人的局限性,因为古人不知道封建社会以外还有其他生产方式。仅就中国的社会情况而论,说它是封建社会"万世不变"的秩序也未尝不可。

在魏晋南北朝时期,佛教、道教广泛流行,儒家失去独尊的地位,但统治者并未抛弃它,它仍然是封建思想的正统。梁武帝崇奉佛教,但梁武帝的《敕答臣下神灭论》的主导思想仍是儒教而不是佛教。当时的统治者用佛、道作为儒教的补充,三者并用或交替使用。三教之间有斗争,有妥协,也互相吸收。既然封建宗法制度未变,维护封建宗法制度的伦理纲常就不会被抛弃,三纲五常的秩序非维持不可。因此,佛教、道教也要适应封建宗法制度的要求,才能得到地主阶级的支持。佛教五戒十善,采用的善恶道德标准仍然不能超出三纲五常的规定范围,违反了就是十恶不赦。封建地主以造反为罪大恶极,佛教也认为无君无父是构成入地狱的罪行。难怪宋文帝发自肺腑地说,佛教虽主张出世,但有助于王化①。魏晋玄学否定了神学目的论,但未对儒家的封建宗法制度、三纲五常触动一根毫毛。当时名教与自然的争论,反映了玄学家们如何对待三纲五常的根本态度。不论哪一派,都不敢说不要名教。玄学最大的代表人物之一如王弼,还是

---

① 宋文帝:"若使率土之滨,皆敦此化,则朕坐致太平矣,夫复何事?"(见《广弘明集·宋文帝集朝宰论佛教》)

认为孔子比老子高明①。农民不是先进的生产关系的体现者。农民的思想随着生产资料、政治权力的被剥夺,也被迫接受统治阶级的王权神授、天命决定论,也被封建宗法制度所束缚②。

虽然政治上南北处于分裂状态,中国历史这一时期在某些方面仍有所发展。北方和南方在各自的统治范围内有相对安定的政治局面,于是北方和南方各民族在经济、文化的交流中有了进一步的融合。许多落后的氏族部落和奴隶制初期的民族,由于同汉族不断交往,相互了解、通婚、学习,很快赶上来,进入封建社会,这就给以后隋唐建立的多民族繁荣昌盛的封建统一王朝准备了条件。

隋唐时期由于封建经济的进一步繁荣、发展,对世界经济文化交流有过贡献。南北朝时期分裂割据的影响逐步泯除。佛教结束了南北朝各宗派长期分裂的局面,形成了统一的各宗各派;道教也混合南北,形成了统一的唐代道教。佛教、道教各自发展自己的寺院经济并建立宗派传法世系。儒家的经学也兼采南北经学流派,形成具有唐代特点的经学。儒、释、道三家鼎立,都得到封建王朝的大力支持③。三家学说有异,服务的对象却是一家④。朝廷遇有大典,经常让三教

---

① (裴徽)问弼曰:"夫无者,诚万物之所资也,然圣人莫肯致言,而老子申之无已者何?"王弼回答说:"圣人体无,无又不可以训,故不说也。"(何劭《王弼传》引)

② "统治阶级的思想在每一时代都是占统治地位的思想。这就是说,一个阶级是社会上占统治地位的物质力量,同时也是社会上占统治地位的精神力量。支配着物质生产资料的阶级,同时也支配着精神生产的资料,因此,那些没有精神生产资料的人的思想,一般地是受统治阶级支配的。"(《德意志意识形态》,《马克思恩格斯选集》第1卷,人民出版社,1995年版,第52页)

③ 唐大足元年(701),武则天当政时,已明白宣示,三教有共同的任务,并令人撰写《三教珠英》(《唐会要》卷三六)。

④ 文宗诞日,召秘书监白居易,安国寺沙门义林,上清宫道士杨弘元入麟德殿内道场谈论三教。居易对语中有谓"儒门释教虽名数则有异同,约义立宗,彼此亦无差别,所谓同出而异名,殊途而同归者也"(《白氏长庆集》卷六七)。

中的代表人物在殿上公开宣讲。儒家讲儒家的经典,佛教、道教也各自讲各自的经典,时称儒、释、道三教。儒、释、道所讲论的内容,也逐渐由互相诋毁而变得互相补充。政府命令禁止道教攻击佛教和佛教攻击道教的文字宣传。唐初朝廷举行公开仪式中,有时规定佛教徒在先,有时规定道教徒在先,中唐以后规定齐行并进,不分先后。儒家对佛、道有所攻击,主要说他们不生产、不当兵、不纳税、不负担政府的义务、不符合中国传统的风俗习惯等等。但儒家在哲学观点上,则大量吸收佛、道的东西。

久为人们熟悉的宋代理学的开创者周敦颐的代表著作是他的《太极图说》和《通书》。周敦颐的学术渊源,来自道士(陈抟—种放—穆修—周敦颐),他们的传授关系是有案可查的。维护周敦颐的朱熹一派,极力否认周氏与道教的关系,给以新的解释;也有一派如陆九渊弟兄,认为"无极"之说源出老子(道教),为了维护儒家的正统,他们提出这不是周氏的主张,不然就是他早年思想体系不成熟的作品。又据记载,周敦颐与僧寿涯也有学术上的交往①。宋代的朱熹与道教的牵连更深,对道教的经典《阴符经》《参同契》曾大力钻研。儒道合流的代表人物,由北宋上溯,如唐朝司马承祯,由此再上推,到南朝的陶弘景,北朝的寇谦之,都是结合封建伦理学说来宣传道教的。宋以后的道教更是公开宣扬三教合一,如假托吕洞宾的名义的一些宋明道教著作,都在宣扬忠孝仁义等封建宗法世俗观点。

儒佛互相渗透的情形更普遍,如唐代的柳宗元、刘禹锡、梁肃、白居易,这是人所共知的。过去人们对柳宗元、刘禹锡以唯物主义而信佛,觉得不好理解,有的哲学史工作者出于爱护唯物主义哲学家的感情,对

---

① 僧寿涯赠诗有:"有物先天地,无形本寂寥。能为万象主,不逐四时凋。"

这个现象也进行过解释,对他们的信佛表示遗憾。宋代的唯物主义者王安石,同时又是佛教的信奉者,晚年还舍宅为寺。这些唯物主义者都受儒教的熏陶,并且认为儒佛并不矛盾,可以相通①。以佛教徒和尚而公开主张儒教的,如宋代的孤山智圆,自号"中庸子",他自称:

> 中庸子智圆名也,无外字也,既学西圣之教,故姓则随乎师也。尝砥砺言行以庶乎中庸,虑造次颠沛忽忘之,因以中庸自号,故人亦从而称之。或曰:"中庸之义其出于儒家者流,子浮图子也,安剽窃而称之耶?"对曰:"夫儒释者言异而理贯也,莫不化民俾迁善远恶也。儒者饰身之教,故谓之外典也;释者修心之教,故谓之内典也。唯身与心则内外别矣,蚩蚩生民岂越于身心哉? 非吾二教何以化之乎? 嘻! 儒乎,释乎,其共为表里乎!"(《闲居编·中庸子传上》,第19页)

> 故吾修身以儒,治心以释,拳拳服膺,罔敢懈慢犹恐不至于道也,况弃之乎? 呜呼! 好儒以恶释,贵释以贱儒,岂能庶中庸乎?(同上)

自然现象不同于社会现象,它不具有人类社会的道德属性,但智圆用儒家的仁义观点,加以自然生物以道德属性②,与朱熹等以仁义

---

① (唐)柳宗元:"浮图诚有不可斥者,往往与《易》《论语》合,诚乐之,其于性情奭然,不与孔子并道。"(《柳河东集》卷二五)

② "钱唐县西北水行十八里,有村曰'义犬'者。昔人养犬甚驯,行迈至是,醉卧草间,野火四至,将焚焉。犬能亟至河岸,以身濡水,湿其草,主遂免祸。睡觉,犬力殚毙矣。感其义,因葬之。乡人命其地曰'狗葬'。后刺史以'义犬'之名,易'狗葬'之名,予舟行过其地,遂为文以感之:'浩浩动物,唯人为贵。立人之道,曰仁以义。二者不行,与畜同类。畜能行是,与人昂异。懿矣斯犬,立功斯地。救主免焚,濡草以智。其身虽毙,其名不坠。'"(《闲居编·感义犬》第二七)

礼智释元亨利贞的思想方式是一个路数。

至于佛教与道教的合流,交互影响,也是随着隋唐在政治上的大一统而形成的。道教经典很多取自佛经,这已是公认的事实①。天台宗的创始人慧思,既是佛教徒,又信奉道教长生求仙的方术,要做"长寿仙人"②,史传有明文,并不避讳。

从唐代的儒、释、道三教鼎立发展为宋代的三教合一,这个长期的历史过程,也就是儒教在封建政权的支持下逐渐酝酿成熟的过程。

从汉武帝独尊儒术起,儒家已具有宗教雏形。但是,宗教的某些特征,尚有待于完善。经历了隋唐佛教和道教的不断交融、互相影响,又加上封建帝王的有意识地推动,三教合一的条件已经成熟,以儒家封建伦理为中心,吸取了佛教、道教一些宗教修行方法,宋明理学的建立,标志着中国儒教的完成。它信奉的是"天地君亲师",把封建宗法制度与神秘的宗教世界观有机地结合起来。其中君亲是中国封建宗法制的核心。天是君权神授的神学依据,地是作为天的陪衬,师是代天地君亲立言的神职人员,拥有最高的解释权,正如佛教奉佛、法、僧为三宝,离开了僧,佛与法就无从传播。宋朝理学兴起的时候,恰恰是释道两教衰微的时候。风靡全国,远播海外的佛教,形式上衰微了,实际上并没有消亡,因为儒教成功地吸收了佛教。看起来中国没有像欧洲中世纪那样宗教独霸绝对权威,但中国中世纪独霸的支配力量是不具宗教之名而有宗教之实的儒教。

儒教这个宗教,看起来不同于其他宗教,如基督教、伊斯兰教、佛教等,甚至打出反对上述宗教的幌子。清代学者颜元早已指出,程颐的思想"非佛之近理",乃程颐之理"近佛"(见《存学编》)。还指出:

———

① (南朝梁)陶弘景的《真诰》有数十处抄自《四十二章经》。
② 见(南朝陈)慧思:《南岳誓愿文》。

> 其(朱熹)辟佛老,皆所自犯不觉。如半日静坐,观喜怒哀乐未发气象是也,好议人非,而不自反如此。(《存学编》)

进入高级阶段的宗教都有他们不同的"原罪"说。宣传人生下来就有罪,必须靠宗教的精神训练来拯救人们的灵魂。程颐说:

> 大抵人有身,便有自私之理。宜其与道难一。

儒教宣传禁欲主义:

> 甚矣,欲之害人也。人之为不善,欲诱之也。诱之而弗知,则至于天理灭而不知反。故目则欲色,耳则欲声,以至鼻则欲臭,口则欲味,体则欲安。此则有以使之也。然则何以窒其欲?曰:思而已矣。学莫贵于思,惟思为能窒欲。曾子之三省,窒欲之道也。(《宋元学案·伊川学案》)

这种禁欲主义,一直成为宋以后儒教修养的中心思想。他们甚至连五欲排列的次序也按佛教的眼、耳、鼻、舌、身五欲排列。

宗教都要树立一个至高无上的神(名称各有不同)。儒教亦宣传敬天、畏天,称国君是天的儿子。君权与神权紧密结合起来,国君被赋予神性。儒教还有祭天、祀孔的仪式。

宣传"以贫为荣""以贫为乐",也是儒教的一个重要内容。儒教著作中称赞有道之士"虽箪瓢屡空,宴如也"。穷了,就避免了声、色的物质诱惑。儒教认为生活水平越低,道德品质越高,他们把物质生

11

活的改善看作罪恶的源泉,把生活欲望与道德修养摆在势不两立的地位。"不是天理,便是私欲","无人欲即是天理"(《宋元学案·伊川学案》)。

儒教把一切学问都归结为宗教修养之学。儒教不去改造客观世界,而是纯洁内心;不向外观察,而是向内反省;不去认识世界的规律,而是去正心诚意当圣贤。圣贤的规格就是儒教规格的人的神化,即典型的僧侣主义的"人"。他们说:

> 颜所好者何学也,学以至圣人之道也……喜怒哀乐爱恶欲,情既炽而益荡,其性凿矣。是故觉者约其情,始合于中,正其心,养其性,故曰:"性其情。"愚者则不知制之,纵其情以至于邪僻,梏其性而亡之,故曰:"情其性。"(《颜子所好何学论》)
>
> 伊川见人静坐,便叹其善学。(《宋元学案·伊川学案》)

宗教都主张有一个精神世界或称为天国、西方净土,宗教都有教主、教义、教规、经典,随着宗教的发展形成教派。在宗教内部还会产生横逸旁出的邪说,谓之"异端"。儒家则不讲出世,不主张有一个来世的天国。这是人们通常指出的儒家不同于宗教的根据。

但是我们应当指出,宗教所宣扬的彼岸世界,只是人世间的幻想和歪曲的反映。有些宗教把彼岸世界说成仅只是一种主观精神状态。在中国的历史上,隋唐以后的佛教、道教,都有这种倾向。以影响最大的禅宗为例。中国出现过许多宗派,禅宗受中国封建文化影响最多,他们宣称"菩提只向心觅,何劳向外求玄?听说依此修行,西方只在眼前"(《坛经》)。禅宗主张极乐世界不在彼岸而在此岸,不在现实生活之外,就在现实生活之中,所谓出家、解脱,并不意味着离开这个世界到另一个西天。在日常生活之中,只要接受了宗教的世界观,当前的尘世就是西天,每一个接受佛教宗教观的众生即是佛,佛不在尘世之外,而在尘世之中。

宋明理学吸收了禅宗的这种观点。虽然它不讲出世,不主张有一个来世的天国,但是却把圣人的主观精神状态当作彼岸世界来追求,这和禅宗主张在尘世之中成佛是完全相同的。

程颢的《定性书》被宋明理学家公认为经典性的权威著作,这种"定性"与佛教禅宗的宗教修养方法一脉相承,所谓"动亦定,静亦定,无将迎,无内外"(《定性书》),即是禅宗的"运水搬柴,无非妙道"。把人性区别为"义理之性"与"气质之性","人欲"又是挟"气质"以具来的罪恶,实质上是宗教的"原罪"观念。程颐的《颜子所好何学论》是一篇典型的宗教修养方法论,是一篇宗教禁欲主义的宣言书。张载的《西铭》也是一篇歌颂"天地君亲师"的儒教宣言,他认为人生的一切遭遇天地早安排定了,享受富贵福泽是天地对你的关怀,遭受贫贱忧戚,是天地对你的考验。天地与君亲本是一家人。二程教人主敬,程颐终日"端坐如泥塑人"。"存天理,去人欲"更是一切唯心主义理学家全力以赴的修养目标。他们所谓"天理",无非是封建宗法制度所允许的行为准则,内容不出"三纲""五常"这些儒教教条。儒教追求的精神境界更偏重于封建道德修养,巩固宗法制度。儒教的孝道除了伦理意义外,还有宗教性质①。儒教没有入教的仪式,没有精确的教徒数目,但在中国社会的各阶层都有大量信徒。儒

① 见《孝经》。

教的信奉者绝不限于读书识字的文化人,不识字的渔人、樵夫、农民都逃不脱儒教的无形控制。专横的族权,高压的夫权,普遍存在的家长统治,简直像毒雾一样,弥漫于每一个家庭,每一个社会角落。它像天罗地网,使人无法摆脱。

宋明理学所普遍关心并反复辨明的几个中心问题有"定性"问题、"义理之性"与"气质之性"的问题、"孔颜乐处"问题、"主敬"与"主静"问题、"存天理,去人欲"问题、"理一分殊"问题、"致良知"问题,等等。这些问题虽以哲学的面貌出现,却具有中世纪经院神学的实质和修养方法。看起来问题虽多,最后都要归结到"存天理,去人欲"这个中心题目上来。

宋明理学各家各派,不论是政治上进步的、保守的、唯心的、唯物的,都在围绕一个中心问题阐述自己的观点:如何正确处理(对待)"天理"与"人欲"的关系,它不是一个哲学问题而是一个神学问题,即如何拯救灵魂,消灭"罪恶",进入"天国"(理想的精神境界)的问题。中国哲学史涉及社会伦理思想的特别多,而涉及自然的比较少,这也是被中世纪封建社会的特点所决定的。欧洲中世纪的哲学是神学的奴婢,它的注意力也不在认识自然界而在拯救人类的灵魂。恩格斯指出,特别在近代才突出思维与存在、精神与物质的关系问题①。古代不是这样,那时是靠天吃饭,是自然的奴隶,也就没有能力摆脱神学的束缚。西方中世纪神学的中心观念是"原罪",中国中世纪神学的中心观念是"存天理,去人欲"。这不是谁抄袭谁的,而是封建社会的共性决定了的。只要是中世纪封建社会,必讲天理人欲之辨。只是欧洲有欧洲的讲法,印度有印度的讲法,中国有中国的讲法。

---

① "全部哲学,特别是近代哲学的重大的基本问题,是思维和存在的关系问题。"《马克思恩格斯选集》第4卷,第219页。

在资本主义出世以前，人们都受神的统治，神学笼罩一切。因为中外中世纪的经济是封建经济、小生产的自然经济，靠天吃饭。物质生产要靠天，精神上就不能不靠天。人们不能摆脱宗教这个异己的力量。统治者则充分利用牧师这一职能来维持其统治。由于这个原因，封建社会里的唯物主义阵营在实力上无法与唯心主义阵营旗鼓相当，唯物主义者总不能摆脱宗教和唯心主义的巨大影响。欧洲中世纪宗教和教会具有垄断一切的势力，曾经发生过唯名论与唯实论的争论，唯名论属于唯物主义阵营，但要披上宗教的外衣。后来18世纪法国唯物主义者则是踢开上帝，抛开神学的外衣，大讲无神论。像斯宾诺莎实质是唯物主义者，还保留着"神"这个外壳。中国哲学史上提出唯物主义观点的思想家，如宋代的陈亮、明代的王廷相、清代的王夫之、颜元、戴震等人都在不同的领域对儒教的某一方面的问题有所抨击①。与正统的儒教——程朱陆王的理学在哲学路线上相对立，但他们都抛不开孔子，摆脱不了六经，他们都自称得到孔子的正统真传，假借孔子、孟子的衣冠来扮演革新儒教的角色。他们对孔子这位教主则不敢怀疑。明代的李贽曾提出过"不以孔子之是非为是非"，这是他敢于突破藩篱的地方，他怀疑的限度只限于孔子的个别结论，而不是怀疑孔子这个教主，更不是要打倒孔子。他竭力抨击那些口诵圣人之言、败坏封建纲常的假道学假圣人之徒，他提倡忠孝仁义，维持封建宗法制，他是爱护这个制度的孤臣孽子。李贽对佛教五体投地，他是儒教异端，而不是反封建的英雄。

宋明理学体系的建立，也就是中国的儒学造神运动的完成，它中间经过了漫长的过程。儒教的教主是孔子，其教义和崇奉的对象为

---

① 他们给"人欲"以合法的地位，主张唯物论，反对唯心论，这都不符合儒教的原则。

"天地君亲师",其经典为儒家六经,教派及传法世系即儒家的道统论,有所谓十六字真传①。儒教虽然缺少一般宗教的外在特征,却具有宗教的一切本质属性。僧侣主义、禁欲主义、"原罪"观念、蒙昧主义、偶像崇拜,注重心内反省的宗教修养方法,敌视科学、轻视生产,这些中世纪经院哲学所具备的落后宗教内容,儒教应有尽有。

佛教禅宗曾把僧侣变成俗人,以求得与中国的封建宗法制度配合;儒教则把俗人变成僧侣,进一步把宗教社会化,使宗教生活、僧侣主义渗透到每一个家庭。有人认为中国不同于欧洲,没有专横独断的宗教;我们应当看到中国有自己的独特的宗教,它的宗教势力表面上比欧洲松散,而它的宗教势力影响的深度和广度、控制群众的牢固性更甚于欧洲中世纪的教会。欧洲中世纪设有异教裁判所,中国的儒教对待叛道者使用的教条教规也是十分严酷的。凡是触犯了封建宗法规范,被认定为大逆不道、逆伦灭理的,可以在祠堂里当众处置,直到死刑。更重要的一个手段是"以理杀人"。被儒教残害的群众,连一点呻吟的权利也被剥夺干净,丝毫同情、怜悯也得不到。千百年来,千千万万男男女女无声无息地被儒教的"天理"判了死刑。儒教"视人之饥寒号呼、男女哀怨,以至垂死冀生,无非人欲"②,必尽除之而后快。真是"杀人如草不闻声",精神的镣铐比物质的镣铐不知道严酷多少倍。

董仲舒对孔子的改造,已经使孔子的面目不同于春秋时期的孔丘。汉代中国封建社会正在上升时期,统一的封建王朝继秦朝以后,富有生命力,配合当时的政治要求而形成的儒教虽有其保守的一方面,但也有积极因素。宋明以后,中国的封建社会已进入后期,出现

---

① "人心惟危,道心唯微,唯精惟一,允执厥中。"(《尚书·虞书》)
② (清)戴震:《孟子字义疏证》。

的资本主义萌芽都不幸没有得到正常发展的机会。宋明封建王朝的统治者推动儒教的发展,朱熹对孔子的改造,与孔子本人的思想面貌相去更远。如果说汉代第一次对孔子的改造,其积极作用大于消极作用,那么宋代第二次对孔子的改造,其消极作用则是主要的。

儒教限制了新思想的萌芽,限制了中国的生产技术、科学发明。明代(16世纪)以后,中国科技成就在世界行列中开始从先进趋于落后。造成这种落后,主要原因在于封建的生产关系日趋腐朽,使社会经济停滞不前,中国的资本主义没有得到发展的机会,而儒教体系对人们探索精神的窒息,也使得科学的步伐迟滞。上层建筑对它的基础绝不是漠不关心的,它要积极维护其基础。中国封建社会特别顽固,儒教的作梗应当是原因之一。

自从五四运动开始提出"打倒孔家店"的口号,当时进步的革新派指出孔子是中国保守势力的精神支柱,必须"打倒孔家店",中国才能得救。当时人们还不懂得历史地看待历史事件和历史人物,不善于用发展变化的眼光看待事物,因而把春秋时期从事政治活动和教育文化事业的孔子和汉以后历经宋元明清封建统治者捧为教主的孔子混为一谈。孔子只能对他自己的行动承担他的历史功过,孔子无法对后世塑造的儒教教主的偶像负责。作为一个教育家、政治思想家、先秦儒家流派的创始人,我们应当给以全面的恰当的评价,历史事实不容抹掉,而且也是抹不掉的。孔子这个人在历史上的功过,现在学术界还没有一致的意见,这是一个学术争论的问题,不可能短期取得一致的意见。儒教的建立标志着儒家的消亡,这是两笔账,不能混在一起。说孔子必须打倒,这是不对的;如果说儒教应当废除,这是应该的,它已成为阻碍我国现代化的极大思想障碍。

有人认为中国历史上不曾出现过像欧洲中世纪那样的政教合一

的黑暗统治时期,是得力于孔子的儒家学说。儒家起了抵制宗教的作用,儒家不迷信,所以抑制了神学的统治。

中国没有出现欧洲中世纪那样的基督教,这是中国社会的特点所决定的;说中国有了儒家从而避免了一场宗教神权统治的灾难,是不对的。因为儒教本身就是宗教,它给中国历史带来了具有中国封建宗法社会的特点的宗教神权统治的灾难。

宗教、迷信、神权是人类历史上不可避免的现象,迄今还没有发现过有哪一个民族、国家有过对宗教的免疫能力。不过在不同国家和不同地区,宗教具有不同的表现形式罢了。中国儒教顽强地控制着中国,它与中国封建社会相始终,甚至封建社会终结,它的幽灵还在游荡。

还应当看到宗教有它的形式和内容。形式上可以有信奉的偶像不同、教义教规的不同,但寻求彼岸世界的宗教世界观是一切宗教的共同的特点。教权与王权的关系,西方与东方形式上有所差异,西方是教权高于王权,中国除从前西藏地区外,则是王权高于教权。但王权与教权的紧密配合,及其禁锢人们的思想的程度,东方与西方没有两样。

有人认为中华民族屹立于世界民族之林,经历了多少次风雨,儒家提倡的气节,起了重要作用。所以历史上出现了临危不惧、见义勇为的英雄人物。当民族面临严重危机的关头,我国出现过不少英雄,他们是民族的脊梁。应看到,临危不惧、以身殉其理想,历史上屡见不鲜,如墨子的门徒们为维护墨家的利益、理想,赴汤蹈火,死不旋踵;田横有五百壮士同日自杀以殉齐国;董狐秉笔直书,视死如归。他们都不是孔子或儒家的信徒。还有一些为宗教狂热的驱使到西方取经的佛教徒,也能不避死亡,策杖孤征。可见把曾子所说的"可以托六尺之孤,可以寄百里之命,临大节而不可夺"的坚强品德记在孔子或儒家名下,是不符合事实的。像曾子所标榜的这个要求,儒家创始人孔子就没有做到。孔子周游列国,遭到蒲人的围困,孔子对天发了假誓,作了保证,才逃脱包围。一旦脱离险区,发的誓就不算数了,还自己解嘲说"要盟不信"①。孔子还看不起那些"言必信,行必果"②的人们,他在气节这一点上偏偏表现得不好。一个民族,不论大小,都有它的长处。世界大门已经敞开,可不能再抱着"辽东白豕"那种自我欣赏、自我锢蔽的态度。欧洲人的书里也曾讲由于有了基督教的好传统使他们保持了宽忍、忍让、慈爱为怀的高尚情操。事实果真如此么?我们中华民族早就有过深刻体会——当年大炮、军舰、《圣经》、鸦片同时莅临,这就是他们所宣扬的高尚情操。所谓宽容、忍让的美德是有的,它出自劳动人民,而不是《圣经》的教训的结果。

有人认为儒家有爱国主义的好传统,儒家保存了中华民族的文化,形成一种团结的向心力。

爱国主义,不是抽象的名词,它有实际的内容。春秋战国时期诸侯国林立。许多学有专长的人,有政治抱负的人,到处游说,想依靠一个国家的国君支持他们的主张,推行他们的政治理想。孔子就是其中的一个。孔子离开了他的祖国鲁国,到处游说,他到过齐国、卫国、楚国等大国。哪一个国君用他,他就在哪一个国家当官。后来孔子的弟子们、诸子百家的领袖们都是这样做的。当时没有人议论他们背离祖国,或不爱国。战国末期,李斯的《谏逐客书》不但没有想到要好好为祖国效力,而是举出种种理由,规劝外国君主重用有才学的外国人,而不必管他们来自哪个国家。当时各民族之间经济、文化、

---

① "要盟也,神不听。"(《史记·孔子世家》)
② 《论语·子路》:"言必信,行必果,硁硁然,小人哉"

婚姻的联系频繁,视为当然,诸侯贵族曾与邻近的少数民族通婚①。春秋战国时期,民族之间,国与国之间的关系是正常的,开放的,不是封闭的。

到了秦汉以后,中国创立了多民族的统一的宗法封建专制主义的大一统的国家。这时的国内各民族的关系也是平等和睦的。只是来自北方游牧地区,尚处在奴隶制前期的匈奴部落对农业地区经常掠夺,把早已进入封建社会的内地居民掠为奴隶,这就遭到进入封建社会的全体人民的反抗。掠夺与反掠夺的斗争,加深了民族的限隔。长期的战争和经济交流(战争也是一种代价很高的文化交流),使多民族的封建大一统国家在安定的政治局面下不断得到发展。隋唐皇室就不是纯汉族。唐代任用朝廷和地方官吏,对蕃汉各族一视同仁,这对于封建的发展繁荣起着促进作用。民族融合,和平相处,这是历史发展的主流。

但也应当看到,由于地理形势的局限,我国与东南海外的往来关系远不如西北陆上的密切。我国历史上不断地一批一批把西北民族从部落社会、奴隶制社会带进了封建制社会,同时又不断接触一些新的部落民族。长期以来,形成了汉族的自大优越感,以"天朝"自居。宋以后,历代统治者致力于控制内部、防止造反,再加上儒教的长期灌输,从而形成一种极不健康的民族思想意识。对外来的东西,又怕又恨,产生一种儒教变态心理②。

---

① 《史记·晋世家》:晋献公娶狄女,娶骊姬,晋文公娶季隗。

② "宋的文艺,现在似的国粹气味就熏人。然而辽金元陆续进来了,这消息很耐寻味。汉唐虽然也有边患,但魄力究竟雄大,人民具有不至于为异族奴隶的自信心,或者竟毫未想到,凡取用外来事物的时候,就如将彼俘来一样,自由驱使,绝不介怀。一到衰敝陵夷之际,神经可就衰弱过敏了,每遇外国东西,便觉得仿佛彼来俘我一样,推拒、惶恐、退缩、逃避,抖成一团,又必想一篇道理来掩饰,而国粹遂成为屠王屠奴的宝贝。"(《看镜有感》,《鲁迅全集》第一卷,人民文学出版社,1956年版,第300—301页)

有人认为有了以儒教为中心的文化共同体,团结了中华民族。华侨中多半相信儒家思想,他们的爱国主义精神,多得力于儒家传统。

这是用思想去说明社会历史,而不是用社会历史去说明思想,而且这个说明也是不正确的。华人海外谋生,很不容易,他们多半是冒着生命危险去的。明清以前出国谋生的华侨得不到政府的支持和保护,近代中国又处在半殖民地的地位,政府无力保护,在海外受尽了凌辱和种族歧视。华侨如不团结,不互相帮助,就难以生存,更不用说发展了。华侨渴望祖国繁荣、昌盛,他们的处境决定了他们热爱祖国的思想感情。

中国是一个封建宗法制度占统治地位的国家,华侨离乡背井,往往依靠封建宗法关系、同乡邻里关系、行会关系。以这些关系为纽带,加上语言、习惯、经济的联系,自然结成了自己的相互依存的共同体。他们可能把“天地君亲师”的神位一齐带出国,但团结他们的主要力量是现实的生活而不是什么儒教的遗泽。多少世纪以来,世界上失去祖国的犹太人,顽强地生存着,他们都不信儒教。流浪的吉卜赛人,也顽强地生活着,他们也不知道什么是儒教。

有人说,儒教集中体现了中华民族优良的文化传统,它培育了许多“取义”、“成仁”、可歌可泣的民族英雄。不错,中华民族是有优良的传统,在它的历史上也涌现出许许多多伟大的民族英雄,但不能把功劳记在儒家或儒教的账上。中华民族的优秀文化传统和自强精神是在同民族压迫和阶级压迫的斗争中,在同自然界的斗争中形成的,主要是指反抗精神、牺牲精神、科学精神和民主精神。这些优良传统首先体现在广大劳动人民身上,也体现在代表人民利益的一些先进的人物身上。历来反抗黑暗的专制统治、反抗暴政、反抗民族压迫,最终把封建制度推翻的并不是正统的儒家人物,而是农民的革命力量。创造了中国灿烂的古代文明,在农业、手工业和建筑、绘画、雕塑等方面创造出高度的技艺和举世闻名的伟大作品的作者们甚至连名字也没有留下,他们是农民、手工工人和各种巧匠艺师,却不是儒教信徒。否定天命鬼神,高举无神论和唯物论旗帜的并不是儒教正统学者,而是敢于冲破儒教传统的先进人物。宋元及明清优秀的文学作品,其领导思想多半是发不平之鸣、离经叛道之作。近百年来,在民族危亡、社会昏暗的时刻,从伟大的太平天国运动、辛亥革命,直到五四运动,这些斗争唤醒了沉睡的中国,为在中国共产党领导下使中国重立于世界各国之林开辟了道路。这些伟大的运动,一个重要的斗争目标,就是反封建制度,反儒教思想。

宋明以后的儒教,提倡忠君孝亲、尊孔读经、复古守旧,都是文化遗产中的糟粕,是民族的精神赘疣。像岳飞这个民族英雄,由于儒教灌输给他的忠君思想,使他违背了民族利益,放弃已经到手的胜利,自己冤死,国家受难。文天祥在《正气歌》里说的"成仁""取义"的名句,虽出自儒教圣训,但推动他行动的根本动力,还是他面临的民族压迫的现实。我们同样应当指出,外来侵略者也提倡儒教,内部的投降派也提倡儒教。抗战时期日本帝国主义者也修过孔庙,大小维持会的头目,多为儒教信徒,而抗日根据地的军民群众并没有靠"成仁""取义"的口号来作为抗战的动力的。

中国文化确实有好传统,像奋发有为、刚毅顽强、吃苦耐劳、不畏强暴,这都是劳动人民的优秀品质。这些优秀品质并非来自儒教,甚至是反儒教的产物。如果我们的广大群众和海外侨胞都照儒教的规范行事,那就要脱离生产,轻视劳动,"畏天命,畏大人,畏圣人之言",他们神龛里供奉着"天地君亲师"的神位,忠诚礼拜,终日静坐,"如泥塑人",天天在"存天理,去人欲",将是什么样的精神面貌,又怎能立足于世界呢?

总之,历史事实已经告诉人们,儒教带给我们的是灾难、是桎梏、是毒瘤,而不是优良传统。它是封建宗法专制主义的精神支柱,它是使中国人民长期愚昧落后、思想僵化的总根源。有了儒教的地位,就没有现代化的地位。为了中华民族的生存,就要让儒教早日消亡。我们只能沿着"五四"时代早已提出的科学与民主的道路,向更高的目标——社会主义前进,而不危机能退回到五四以前老路上去。倒退是没有出路的。

儒家与儒教①

　　儒这个称号不自孔子始。孔子以前社会上已有一批帮助贵族办丧事或帮助贵族执行相礼以谋生的人,这些人靠专门的知识混饭吃。孔子开始也是靠儒来谋生的,但是他比当时的儒博学,有政治主张,并参与当时的一些政治活动②。孔子开创的儒家是一个学术团体,又是政治团体。由于孔子一生为恢复周代的奴隶制而奔波,他的主张与历史发展方向背道而驰,所以他的活动没有成功,遭到社会和时代的冷遇。社会发展表明,孔子当时所极力主张的事物,后来都被历史所淘汰了;孔子当时极力反对的事物,后来都得到了发展、壮大。历史实践表明孔子是个反历史潮流的人物,他的思想是保守的,他的学说在当时所起的作用也是保守的。春秋时期是奴隶制崩溃、封建制形成的过渡时期③。孔子的社会地位并不十分显赫,他的学说也没有得到广泛的重视。孔子晚年不得已退而著书,整理典籍。他又是一个博学的学者、历史家、教育家,对古典文化的整理保存有贡献。孔子一生活动最大的成功处,就是他教育了不少有才干的学生,先后共

---

　　① 据《任继愈学术论著自选集》。原载《中国哲学》1980 年第 3 辑,曾收入《儒教问题争论集》等。

　　② 如《论语》中记载,孔子告诫他的弟子,"汝为君子儒,无为小人儒"。

　　③ 这个问题在中国学术界有几派的说法,并没有一致的意见。大体上可分为四种说法。我主张春秋时期奴隶制向封建制过渡.战国时封建制确立。

计达三千人之多①。由于孔子的门徒多,势力大,他们又大部掌握文化知识,与被雇佣只会给贵族打仗守卫的武士不同,影响也较大。战国时期,儒家已成为社会上的显学,只有墨家这一派可以与之相抗衡,并先后分为八派②。这些不同的派别各有哪些特点,现在不可详考。从哲学的观点来划分,主要有两派,一派是唯心主义的孟子学派,另一派是唯物主义的荀子学派。

战国时期,各国已走着共同的道路,即由分散割据封建国家,走向统一的中央集权的封建国家。各阶级和阶层都为自己的利益而斗争。反映在思想上,即百家争鸣。百家争鸣的实质,即对当时面临行将统一的中央集权封建国家采取什么态度,由哪个阶级和阶层来执行这一历史任务。墨家代表"农与工肆之人"的利益,反对儒家亲亲的宗法制度,儒家骂墨家是"无父"。法家代表军功贵族和官僚阶层的利益,反对孝悌仁义,主张绝对君权的官僚制度。儒家虽然分为八派,有唯心主义和唯物主义的重大区别,但他们对封建制的宗法、等级制度,孟子和荀子没有两样。孟子主张"父子有亲,君臣有义,夫妇有别,长幼有序,朋友有信"(《滕文公上》)。其中最重要的是孝悌,"尧舜之道孝弟而已矣"(《告子下》)。以孝道为中心的宗法伦理思想是这种社会政治结构的指导思想。孟子还认为这种社会伦理观念是天赋的本性,从而构造了他的性善说。荀子与孟子处在理论尖锐对立的地位,但他在社会伦理上也主张社会离不开孝悌、忠信、仁义

① 这个数目后来的人没有提出过怀疑,可能接近真实。在社会大变革时,士这一阶层的人数逐渐扩大,后来战国中期以后,好几个国家的贵族和孟尝君、平原君、春申君,养士风气盛行,甚至一个贵族同时养士二三千人,孔子时代虽较早,一生共收纳弟子三千人,是可能的。
② 《韩非子·显学》称儒分为八,与墨家并称显学。这八派是:有子张之儒,子思之儒,有颜氏之儒,有孟氏之儒,有漆雕氏之儒,有仲良氏之儒,有孙氏之儒,有乐正氏之儒。

等道德规范。主张维护君臣、上下的等级制。他一再强调维持这封建宗法等级制的必要性,他认为要用人为的手段,即教化的灌输,而不相信这些道德出于人的本性。这是他的性恶论的结论。其他儒家介乎孟、荀之间,其封建伦理思想则是一致的。正因为这一点有它的一致性,所以虽分为八派,毕竟还是儒家。

孔子这个奴隶主的保守派,后来成了封建社会的圣人,这是不难理解的。因为奴隶制和封建制都是贵族等级制,西周以来宗法制度被保留下来。孔子的孝悌忠信的规范略加改造,即可用于封建制。

秦汉统一是中国社会历史上的一大变革。这个变革基本上奠定了中国封建王朝两千多年的格局——即中央集权的封建统一王朝是中国封建社会被中华民族所接受并认为这是正常的状态。遇到暂时的分裂割据政治局面出现,则认为是天下分崩不正常的乱世,一定把它纠正过来,才算拨乱反正,天下大治。

政治的统一,必然伴随着思想上的统一,这是历史所要求的,也是经中外历史所证明了的。秦汉统一后,封建统治者经历了七十多年的探索,终于找到了,也可以说建成了思想统一的精神工具,即儒家。我们要特别指出的是,这时的儒家已不同于先秦时期作为一个学派参与百家争鸣的儒家,而是封建大一统的王权与神权紧密结合的儒家。这个儒家尊奉的代表人物是孔子。但这已不同于先秦时期被人们重视的学者,同时又被人们嘲笑、讽刺、打击的失意政客,而是具有高度尊严的教主。孔子既是高贵的素王,又是任人摆布的偶像,他成了神和人的复合体。封建统治者的意志,无不需要加上孔子的经典中的一言半句来支撑,才显得有权威。

奴隶制社会在欧洲发展得比较完备而典型,欧洲的封建社会则不如中国的完备而典型。中国封建社会的生产力在世界封建社会的历史上发展得很充分。作为统治这个社会的封建地主阶级不断总结统治经验,不断完善它的上层建筑,使它形成一个相当完整的体系,包括哲学、宗教、文学、艺术、法律……各个方面。

西汉和东汉统治者为了进一步巩固中央集权,他们把王权与神权进一步合流,为王权神授制造理论根据。但他们又小心翼翼地使神权限制在王权之下,而不允许平起平坐,更不用说教权凌驾王权之上了。

中国封建统治者,由于和农民起义打交道的经验多①,他们更懂得自觉地利用宗教来麻痹人民的反抗意志。因此汉代开始采用儒家的经典为政治、法律的措施进行说明。汉武帝时,张汤决狱,要从《春秋》中找根据,其实是捕风捉影,与《春秋》没有关系。东汉以皇帝名义召开的白虎观的会议,更是用政权来推行神权,用神权维护政权的典型例子。这时的儒家的地位已经与先秦的儒家相去更远,孔子地位被抬得更高了。

汉代儒家,先是按照地上王国的模型塑造了天上王国,然后又用天上王国的神意来对地上王国的一切措施发指示。这就是汉代从董仲舒到白虎观会议的神学目的论的实质。天为阳、为君、为父、为夫;地为阴、为臣、为子、为妇。天地自然界的秩序被说成像地上汉王朝那样的社会秩序。自然界也被赋予封建伦理道德的属性。虽然没有西方上帝造人类那样的创世说,但也有类似的地方。儒家定于一尊,儒家的经典成为宗教、哲学、政治、法律、道德,社会生活、家庭生活以及风俗习惯的理论依据。哲学及所有科学虽不像欧洲中世纪那样都成为神学的婢女,但成了六经的脚注,则是事实。非圣等于犯法。所

① 中国农民起义规模大、次数多,为世界历史所仅见。

谓圣的标准,则不能离开儒家所规定的范围。东汉末年的黄巾大起
义,动摇了汉王朝的政治统治基础。王权与神权紧密配合的汉王朝
崩溃,代之而起的是分散割据的地方封建势力。政治上出现了三国
分立的局面。三国时,商业交换基本停止。停止铸造货币,经济上出
现了更典型的自然经济。思想上以王权、神权相结合的儒家正统思
想神学目的论也受到致命的冲击。这时已出现了魏晋玄学,在民间
和社会上层相继出现佛教、道教。这时,我国北方、南方少数民族也
纷纷起来反抗汉族的政治压迫,起来造反。他们有时是被卖的奴隶,
后来起义成功,建立了王朝①。他们首先冲击的是孔子儒家内中华而
外夷狄的思想。他们信奉佛教。汉族农民则信奉道教。五斗米道、
太平道在农民中间广泛流行。

由于中国广大地区已具有高度的封建经济、政治和文化,少数民
族掌权以后,也由奴隶制社会很快被带进了封建社会。封建社会的
统治和被统治的关系,也很快被接受。具有中国特点的封建宗法专
制主义也还得被重视。因为这一套统治人民的经验行之有效,而这
一套封建伦理道德规范在儒家有深远传统。当然,起决定作用的是
中国封建的经济结构和社会结构。中国封建社会的宗法制度是与中
国封建社会相终始的,“三纲”“五常”被儒家说成为万古不变的规
范。说“万世不变”,这是古人的局限性,因为古人不知道封建社会以
外还有其他生产方式。仅就中国的情况而论,说它是封建社会“万世
不变”的秩序也未尝不可。

在魏晋南北朝时期,佛教、道教广泛流行,儒家失去独尊的地位,
但统治者并未抛弃它,它仍然是封建思想的正统,梁武帝崇奉佛教,

---

① 如刘聪、石勒等人北方民族的起义。

但梁武帝的《敕下答神灭论》的主导思想仍是儒教而不是佛教。当时的统治者用佛、道为儒教的补充,三者并用,或交替使用。三教之间有斗争,有妥协,也互相吸收。既然封建宗法制度未变,维护封建宗法制度的伦理纲常就不会被抛弃,"三纲""五常"的秩序非维持不可。因此,佛教、道教既然为这个制度服务,它也要适应封建宗法制度的要求,才能得到地主阶级的支持。农民不是先进的生产关系的体现者。农民的思想随着生产资料、政治权利的被剥夺,也被迫接受统治阶级的王权神授、天命决定论,也被封建宗法制度所束缚。佛教"五戒十善",采用的善恶道德标准仍然不能超出三纲五常的规定范围,否则为十恶不赦。封建地主以造反为罪大恶极,无父无君也是佛教公认的构成入地狱受精神惩罚的罪行。难怪宋文帝发自肺腑地说佛教虽主张出世,但有助于王化。魏晋玄学否定了神学目的论,但未对儒家的宗法制度、三纲五常触动一根毫毛。当时名教与自然的争论,反映了玄学家们如何对待三纲、五常的根本态度。不论哪一派,都不敢说不要名教。玄学最大的代表人物如王弼,还是认为孔子比老子高明。

由于政治上南北的分裂割据,中国历史这一时期从另一方面有所发展。北方和南方在各自的统治范围内有相对安定的政治局面,于是北方和南方各民族在经济、文化的交流中有了进一步的融合。许多落后的氏族部落和奴隶制初期的少数兄弟民族之间,不断交往、了解、通婚、学习,很快赶上来进入封建社会,这就给以后隋唐建立的多民族繁荣昌盛的封建统一王朝准备了条件。

隋唐时期由于封建经济的进一步繁荣、发展,对世界经济文化交流有过贡献。经济、政治的繁荣发展也带动了哲学、宗教的繁荣发展。南北朝时期分裂割据的影响逐步泯除。佛教结束了南北朝长期分裂的局面,形成了统一的各宗各派;道教也混合南北,形成了统一的唐代道教。佛教、道教各自发展自己的寺院经济和宗派传法世系。儒家的经学也兼采南北经学流派,形成具有唐代特点的经学。儒、释、道三家鼎立,都得到封建王朝的大力支持。三家服务的对象却是一家①。朝廷遇有大典,经常让三教中的代表人物在殿上公开宣讲。儒家讲儒家的经典,佛教、道教也各自讲各自的经典,时称儒、释、道三教②。儒、释、道所讲论的内容,也逐渐由互相诋毁而变成互相补充。由政府明令禁止道教攻击佛教和佛教攻击道教的文字宣传。唐初朝廷举行公开仪式中,有时规定佛教徒在先,有时规定道教徒在先,中唐以后规定佛、道两教徒齐行并进,不分先后。儒家对佛、道有所攻击,主要说他们不生产、不当兵、不纳税、不负担政府的义务,不符合中国传统的风俗习惯等等。

封建地主阶级的总头目唐朝的皇帝,把三教都看作宗教,而三教的信徒们也自居为宗教。佛教、道教是宗教自然不成问题。宗教都主张有一个精神世界或称为天国、西方净土;宗教都有教主、教义、教规、经典,随着宗教发展形成教派。在宗教内部还会产生横逸旁出的邪说,谓之"异端"。这种状况,佛教、道教都具备。儒家则不讲出世,不主张有一个来世的天国。这是人们通常指出的儒家不同于宗教的

---

① 文宗诞日,召秘书监白居易、安国寺沙门义林、上清宫道士杨弘元入麟德殿内道场谈论三教。居易对语中有谓"儒门释教虽名数则有异同,约义立宗,彼此亦无差别,所谓同出而异名,殊途而同归也"(《白氏长庆集》卷六七)。

② 元魏、后周、隋世多召名行广学僧与儒、道对论,悦视王道。唐高宗召贾公彦于御前与道士、沙门讲说经义。德宗诞日,御麟德殿,命许孟容等登座与释老之徒讲论。贞元十二年四月诞日,御麟德殿。诏给事中徐岱,兵部郎中赵需及许孟容、韦渠牟与道士葛参成,沙门谈筵等等二十人讲论三教。文宗九月诞日召白居易与僧惟澄、道士赵常盈于麟德殿谈论。居易论难锋起,辞辩泉注。上疑宿构,深嗟揖之(《僧史略》卷下)。

根据。

但是我们应当指出,宗教所宣扬的彼岸世界,只是人世间的幻想和歪曲的反映。有些宗教把彼岸世界说成是一种精神境界。在中国的历史上,隋唐以后的佛教、道教,都有这种倾向。以影响最大的禅宗为例,禅宗宣称"菩提只向心觅,何劳向外求玄? 听说依此修行. 西方只在眼前"(《坛经》)。禅宗主张极乐世界不在彼岸而在此岸,不在现实生活之外,就在现实生活之中,所谓出家、解脱,并不意味着离开这个世界到另一个西天。在当前日常生活之中,只要接受了宗教的世界观,当前的尘世就是西天,每一个接受佛教宗教观的众生即是佛,佛不在尘世之外,而在尘世之中。

这种观点给中国的佛教带来了独特的面貌,它也使中国的儒家逐渐成为具有中国特点的宗教——儒教。

从汉武帝独尊儒术起,儒家已具有宗教雏形。但是,宗教的某些特征,尚有待于完善。经历了隋唐佛教、道教的不断交融,互相影响,又加上封建帝王的有意识地推动,三教合一的条件已经成熟,以儒家封建伦理为中心,吸取了佛教、道教一些宗教修行方法,宋明理学的建立,标志着中国儒教的完成。它信奉的是"天地君亲师",把封建宗法制度与出世的宗教世界观有机地结合起来。其中君亲是中国封建宗法制的核心。天是君权神授的神学依据,地作为天的陪衬,师是代天地君亲立言的神职人员,拥有最高的解释权,正如佛教奉佛、法、僧为三宝,离开了僧,佛与法就无从传播。宋朝理学兴起的时候,恰恰是释道两教衰弱的时候。佛教,为什么衰微了? 因为儒教成功地吸收了佛教。为什么中国没有像欧洲中世纪那样宗教独霸绝对权威? 因为中国中世纪宗教独霸的支配力量是儒教。

宗教世界观要求人们过着禁欲的生活,物质欲望是罪恶之源。

安于贫困、以贫为乐的人,才算道德高尚、人品卓越。宋明理学所普遍关心并反复辩明的几个中心问题有"定性"问题、义理之性与气质之性的问题、孔颜乐处问题、主敬与主静问题,存天理去人欲问题、理一分殊问题、致良知问题等等。这些问题虽以哲学的面貌出现,却具有中世纪经院神学的实质和修养方法。

程颢的《定性书》被宋明理学家公认为经典性的权威著作。这种"定性"与佛教禅宗的宗教修养方法一脉相承,所谓"动亦定,静亦定,无将迎,无内外"①,即是禅宗的"运水搬柴,无非妙道"。把人性区别为义理之性与气质之性,人欲又是挟气质以具来的罪恶。实质上是宗教的原罪观念。程颐的《颜子所好何学论》是一篇典型的宗教修养方法论,是一篇宗教禁欲主义的宣言书。张载的《西铭》也是一篇歌颂"天地君亲师"的儒教宣言,他认为人生的一切遭遇天地早安排定了,享受富贵福泽是天地对你的关怀,遭受贫贱忧戚,是天地对你的考验。天地与君亲本是一家人。二程教人主敬,程颐终日"端坐如泥塑人","存天理,去人欲"更是一切唯心主义理学家全力以赴的修养目标。他们所谓"天理",无非是封建宗法制度所允许的行为准则,内容不出"三纲""五常"这些儒教教条。儒教除了有一般宗教的共同性,又有它的特点。孔子被奉为教主,具有半人半神的地位。它追求的精神境界更偏重于封建道德修养,巩固宗法制度。比如儒教孝道除了伦理义外,还有宗教性质②。儒教没有入教的仪式,没有明确的教徒数目,但在中国社会的各阶层都有大量信徒。儒教的信奉者绝不限于读书识字的文化人,不识字的渔人、樵夫、农民都逃不脱儒教的无形控制。专横的族权,高压的夫权,普遍存在的家长统治,

---

① (宋)程颢:《定性书》。

② 见《孝经》。

简直像毒雾一样,弥漫于每一个家庭,每一个社会角落。它简直像天
罗地网,使人无法摆脱。

宋明理学体系的建立,也就是中国的儒教的完成,它中间经过了
漫长的过程。宗教的教主是孔子,其教义和崇奉的对象为"天地君亲
师",其宗教组织即中央的国学及地方的州学、府学、县学,学官即儒
教的专职神职人员。僧侣主义、禁欲主义、蒙昧主义,注重心内反省
的宗教修养方法,敌视科学、轻视生产,这些中世纪经院哲学所具备
的落后东西,儒教(唯心主义理学)也应有尽有。在内部也有个别思
想家力图摆脱枷锁、正视现实,提出唯物主义观点的思想家,如宋代
的陈亮、明代的王廷相、清代的王夫之、颜元、戴震等人都在不同的领
域对儒教的某一方面的问题有所抨击①,他们可称为儒教的异端。这
些进步的思想家,都自称得到孔子的正统真传,假借孔子、孟子的衣
冠来扮演革新的角色。他们对孔子这样的教主则不敢怀疑。明代的
李贽曾提出过不以孔子之是非为是非,这是他敢于突破藩篱的地方。
但他竭力抨击那些口诵圣人之言,败坏封建纲常的假道学,他提倡忠
孝仁义,维持封建宗法制,他是爱护这个制度的孤臣孽子。他对佛教
五体投地。他是儒教异端,而不是反封建的英雄。

儒教限制了新思想的萌芽,限制了中国的生产技术、科学发明。
明以后中国科技成就在世界行列中开始从先进趋于落后。造成这种
落后,主要原因在于中国的资本主义没有得到发展的机会,而儒教体
系的完善和它对人们探索精神的窒息,也使得科学的步伐迟滞。上
层建筑对它的基础绝不是漠不关心的,它要积极维护其基础。中国
封建社会特别顽固,儒教的作梗应当是原因之一。

---

① 他们给"人欲"以合法的地位,主张唯物论,反对唯心论,这都不符合儒教的
原则。

　　自从五四运动开始提出"打倒孔家店"的口号,当时进步的革新派指出孔子是中国保守势力的精神支柱,必须"打倒孔家店",中国才能得救。当时人们还不懂得历史地看待历史人物和历史事件,形而上学比较严重,认为好就全好,坏就全坏。由于他们不善于探索事物发展的规律,因而把春秋时期从事政治活动和教育文化事业的孔子和汉以后历代封建统治者抬出来作为教主的孔子混为一谈。孔子只能对他自己的行动承担他的历史功过,孔子无法对后世塑造的儒教教主的偶像负责。作为一个博学的学者、伟大的教育家、政治思想家,先秦儒家流派的创始人,孔子是打不倒的,历史事实不容抹掉,而且也是抹不掉的。孔子这个人在历史上的功过,现在学术界还没有一致的意见,这是一个学术争论的问题,不可能短期取得一致的意见。

　　儒教的形成曾经历了上千年的过程,孔子的学说共经历了两次大的改造。第一次改造在汉代。它是由汉武帝支持,由董仲舒推行的,这就是中国历史上所谓"罢黜百家,独尊儒术"①的措施。汉代大一统的中央集权封建宗法专制国家需要一套意识形态和它紧密配合的宗教、哲学体系。孔子被推到了前台,董仲舒、《白虎通》借孔子的口,宣传适合汉代统治者要求的宗教思想。第二次改造在宋代。宋统治者集团利用机会从唐末五代分散割据的混乱局面中捞到了政权。他们鉴于前朝覆亡的教训,把政治、军事、财政、用人的权力全部集中到中央,宋朝对外可以退让,对内则强化中央集权的封建宗法专制制度,思想文化领域里也要有与它相适应的意识形态相配合。汉

---

　　①　这个看法是否成立,还有待于进一步探讨。有人不承认宋明理学是宗教,不承认董仲舒的天人感应的神学目的论是宗教,认为儒家有功,因为它抵制了宗教,事实上它本身就是一种宗教。

唐与宋明都是中央集权的封建宗法专制制度的国家,但中央权力却是越来越集中,思想文化方面的统治方法也越来越周密。为了适应宋朝统治者的需要,产生了宋明理学,即儒教。儒家的第二次改造,虽说从宋代开始,追溯上去,可以溯到唐代。韩愈推重《大学》,用儒教的道统代替佛教的法统。李翱用《中庸》来对抗佛教的宗教神秘主义。到宋代朱熹则把《论语》《孟子》《大学》《中庸》定为"四书",用一生精力为它作注解。朱熹的《四书集注》被历代封建统治者定为全国通用的教科书。"四书"从十三经中突出出来,受到特殊的重视。

朱熹制造了一个庞大的儒教体系,佛教禅宗曾把僧侣变成俗人,以求得与封建宗法制度配合;儒教则把俗人变成僧侣,进一步把宗教社会化,使宗教生活,僧侣主义渗透到每一个家庭。有人认为中国不同于欧洲,没有专横独断的宗教;我们应当看到中国有自己的独特的宗教,它的宗教势力表面上比欧洲松散,而它的宗教势力影响的深度和广度、控制群众的牢固性更甚于欧洲中世纪的教会。欧洲中世纪设有异教裁判所。中国的儒教不用火烧,不用肉刑,它"以理杀人"。被儒教残害的群众,连一点呻吟的权利也被剥夺干净,丝毫同情、怜悯也得不到。千百年来,千千万万男男女女无声无息地被儒教的"天理"判了死刑,"视人之饥寒号呼,男女哀怨,以至垂死冀生,无非人欲"①。"杀人如草不闻声"。精神的镣铐比物质的镣铐不知道严酷多少倍。

董仲舒对孔子的改造,已经使孔子的面目不同于春秋时期的孔丘。汉代中国封建社会正在上升时期,统一的封建王朝继秦朝以后,富有生命力、配合当时的政治要求而形成的儒教虽有其保守的一方

---

① (清)戴震:《孟子字义疏证》。

面,但它有积极因素。宋朝以后,中国的封建社会已进入后期,有几次资本主义萌芽都不幸没有得到正常发展的机会。宋明封建王朝的统治者推动儒教的发展,朱熹对孔子的改造,与孔子本人的思想面貌相去更远。如果说汉代第一次对孔子的改造,其积极作用大于消极作用,那末宋代第二次对孔子的改造,其消极作用则是主要的,儒教的建立标志着儒家的消亡,这是两笔账,不能混在一起。说孔子必须打倒,这是不对的;如果说儒教应当废除,这是应该的,它已成为阻碍我国现代化的极大思想障碍。

儒教的再评价[1]

1980 年拙作《论儒教的形成》[2]，从历史的角度论述了儒家逐渐演变为儒教的过程。指出孔子的学说共经历了两次大的改造：第一次改造在汉代，产生了董仲舒的神学目的论，儒家已具有宗教雏形；第二次改造在宋代，产生了三教合一的宋明理学，也是儒教的完成。这个演变过程是伴随着封建统一大帝国的建立和巩固逐渐进行的，曾经历了千余年的时间。宋明以后，中国的封建社会制度停滞以至僵化，儒教起了积极维护的作用。现在再从另一角度来考察一下，儒教形成于中国的封建社会，是否具有世界史的共性？和佛教、基督教、伊斯兰教普遍兴盛繁荣于中世纪世界的原因有无关联？同时，儒教之所以为儒教，它的独特的个性是什么？对中国的社会和文化究竟起了什么影响？这些问题都是承接着前一篇文章的意思而来的，故曰再评价。

世界三大宗教成为国际性宗教，分别在不同的国家成为统治思想，都发生在中世纪时代，中世纪的封建社会离不开宗教，也为宗教的滋生蔓延提供了良好的土壤。封建制度不同于奴隶制。奴隶制下的奴隶不具有人格，奴隶主主要靠暴力与刑罚统治奴隶，没有必要对

① 据《任继愈学术论著自选集》。原载《社会科学战线》1982 年第 2 期，曾收入《儒教问题争论集》等。
② 原载《中国社会科学》1980 年第 1 期。

他们进行虚伪的说教,为他们许诺一个来世的天国。虽然奴隶制也有宗教,但是这种宗教刚由原始宗教蜕化而来,比较粗糙,不像封建制下的人为宗教那样,有一套神道设教的丰富的思想体系。封建制下的农民和奴隶不同,他们有自己的小块份地,有相对的人身自由,属于个体经营的劳动者,封建的剥削方式改为租税和劳役,因此,封建统治者除了使用暴力和刑罚的手段,还需要从思想上、精神上加强对他们的统治。由于农民无力摆脱受奴役的地位,加上他们没有文化,愚昧落后,不了解人间苦难的真实原因,也很容易接受宗教所宣传的一套蒙昧主义。封建社会实行严格的等级制度,君臣上下之间的身份地位成了不可逾越的界限,为了稳定这种等级秩序,使得不同身份地位的人各安其位,也需要用宗教来为这种等级秩序涂上一层神圣的油彩。这些都是中世纪世界史的共性,中国也不能例外。世界三大宗教在中世纪普遍兴盛繁荣,不是一个偶然的现象。

中世纪的宗教不同于原始宗教。据近来我们在国内边远地区兄弟民族社会调查表明,原始宗教大致是阶级出现以前的宗教形式。当时宗教活动即生活的组成部分,如祈祷丰年,禳除疫病,消灭水旱灾害等活动,都有宗教仪式。据云南等边远地区保留的原始资料看,他们的宗教活动如驱鬼、祭祖,都是全民族参加的活动,宗教生活就是他们的社会生活,宗教活动同时又是他们的生产活动,部落之间的战争,也是在宗教仪式引导下进行的。我国古书记载的古代氏族部落的活动,多属于原始宗教的活动,其中没有什么宗教理论,而宗教实践、宗教仪式即是行动的根据。原始宗教带有更多的自发性,人与自然、人与神的关系比较接近。原始宗教仪式与民族习俗关系密切,我国《仪礼》所载的一套冠、婚、丧、祭等仪式,带有许多原始宗教的痕迹。

进入封建社会之后,一部分原始宗教发展为成熟的人为宗教(奴隶制社会的宗教是从原始宗教到人为宗教的过渡形态)。人为宗教的普遍特点.一般说来具有理论性、系统性、与社会伦理道德密切配合,而使宗教的善恶标准打上统治阶级道德的烙印。如果说原始宗教主要是对自然界的异己力量的反映,那么人为宗教则主要是反映了社会的异己力量,人为宗教为中世纪普遍存在的特权、压迫和社会不公正的现象作辩护。为蒙受不幸的人们描绘一个彼岸世界,要求他们忍受现实世界的苦难,去企求精神的解脱。同时,这种人为宗教培养了一大批与民众脱离的神职人员,按照封建制的等级结构形成了一套严密的教会组织,有自己的寺院经济。于是宗教势力就和封建社会的政治经济密切结合,成了一股强大的有组织的封建势力。随着宗教势力的发展,必然导致宗教组织与世俗政权之间的关系不断发展。这种发展一方面表现为双方目标一致。紧密配合;另一方面也表现为互争领导权的矛盾。人为宗教也分裂为不同的教派,各教派有不同的教义、教规和传法世系。从人为宗教的社会内容和历史作用来看,它既是封建制的精神支柱,也是和世俗地主阶级并列的封建性的社会阶级力量。这些特点是中世纪的宗教共同具有的,尽管它们各有不同的个性,矛盾分歧很大,甚至发生流血的宗教战争,但却都有这种一般的共性。

值得注意的是,佛教虽然诞生在印度,但是中世纪却被印度教排挤出来迁徙到其他各国流传,这是因为印度教更适合于印度社会的需要,得到统治阶级的支持。印度教在思辨哲理方面大大落后于佛教,它能够战胜佛教,靠的不是宗教教义和宗教理论,而是在中世纪的印度所起的作用。这种现象说明,宗教的传播流行和兴旺发达,是为特定的历史条件所规定的。

　　儒教是在中国封建社会形成的一种宗教,它既有中世纪世界的一般宗教的共性,也有自己独特的个性。这种共性和个性的统一,充分反映了中国封建社会的历史条件。中国的封建社会没有种姓制,但是有宗法制。我在《论儒教的形成》中,曾经提到中国封建社会约有五个特点,其中一个就是封建宗法制度发展得比较完备。这种封建宗法制度造成了儒家的以三纲五常为基本内容的宗法思想。当然,宗法思想本身不是宗教,比如先秦时期孔子、孟子和荀子的宗法思想就只是一种社会政治伦理思想,不带有宗教性质。但是,当它宗教化之后,变成一种神圣的教条,人们就不能怀疑,更不能反对。董仲舒说的“道之大原出于天,天不变,道亦不变”,就是借天神的权威来论证宗法思想的绝对合理性。董仲舒的神学目的论其实就是一种宗教化了的宗法思想。它战胜了当时流行的其他一些学派,成为汉代封建统一大帝国的精神支柱,如果联想到中世纪世界史的进程来看,这是一种历史的必然。

　　董仲舒的神学目的论给封建的国家政权罩上神的灵光,天(上帝)成了最高权威,政府的行政命令都假借天意来推行,皇帝“奉天承运”,代天立言,诏书名曰“圣旨”,即具有神学的意义。为了给予宗教神学以理论的解释,儒家的经书便被捧上神圣的地位。其中所包含的上古宗教神秘内容,被用来引申发挥以解释“天命”“圣意”。在西方中世纪,神学顽固地反对科学,不允许有违背圣经的言论,敢于以科学对抗宗教者的要处死刑。在中国,情况也差不多,敢于发表违背儒家经典的言论,便被指为非圣无法。一些进步思想家、革新派,为了逃避迫害,当他们提出一些新的改革主张,也是力求从圣人的经书中找论据,标榜自己的主张符合圣训。这些和西方中世纪神学统治时期是相同的。

在整个封建社会,统治者都要求把"三纲五常"奉为天经地义,因为这种宗法思想最适合于维护封建宗法制度,稳定封建秩序。因此,把宗法思想宗教化,可以说是统治者的一种内在的要求。至于采取什么形式来宗教化,用什么理论来论证,这是为各个不同时期的科学技术和思维发展的水平所决定的。董仲舒的神学只是儒教的雏形,宋明理学才是儒教的完成。在这一千余年的历史过程中,不管论证的形式和手段有什么改变,但是万变不离其宗,总的目的都是为了把"三纲五常"变为神圣的教条。

汉末到三国,中国出现了道教。在此以前,佛教已传入中国,只是影响不大。魏晋之后,佛教迅速发展,社会上儒、释、道三教并行。佛教与道教都用出世的教条教化群众。道教是中国土生土长的宗教,它以炼形、养神、养气作为宗教修炼方法,宣传使人长生不死,修炼成仙。佛教则教人厌弃现实世界,厌弃躯体,追求一种超脱尘世的绝对安静的精神境界。佛教和道教都是用出世的办法为信教者寻求个人解脱的途径,他们的主张具有摒弃暴力、反对造反、逃避现实斗争的特点,这是投合封建统治者的口味的,因而得到统治者的支持。但这两种宗教的教义号召出家,弃绝人伦,这就不能不和维护封建宗法制度形成一定程度的矛盾。佛教和道教都力图缓和这种矛盾,部分修改自己的教义,以迎合统治者的意志,适应封建宗法制度的要求。比如北魏时期高僧法果吹捧拓跋珪是"明睿好道,即是当今如来,沙门宜应尽礼"。还说:"能鸿道者人主也,我非拜天子,乃是礼佛耳。"(见《魏书·释老志》)释僧导对宋孝武帝说:"护法弘道,莫先帝王,陛下若能运四等心,矜危劝善,则此沙土瓦砾,便为自在天宫。"(见《高僧传》卷八)道教的经典《太平经》也认为封建皇帝是天帝在人世的代表,"帝王,天之子也;皇后,地之子也"。因此,辅助帝王也就是顺从天帝,忠于君,孝于父母,也就是按"天心""地意"行动,虽然如此,这两种宗教出世的基本教义却不能改变,否则就不成其为佛教和道教了。佛道二教的发展,特别是佛教的发展,引起了寺院经济的恶性膨胀。它使直接纳税的人口减少,影响了统治阶级的利益,加剧了世俗地主阶级和僧侣地主阶级的矛盾。我国历史上几次大的排佛运动,就是佛教势力的发展与封建国家利益相冲突的最激烈的表现。

隋唐时期,封建统治者虽对儒、释、道三教都加以支持,而贯彻封建宗法制度最有力、最方便的仍为儒教。政府仍以五经为经典,以"三纲五常"为指导思想,以此教育人民和培养知识分子、士大夫,佛、道二教则起辅助配合作用。

儒教在中国适应了中国的社会历史条件和统治者的需要,发挥了维护封建宗法制度的作用,同时也适应了思想斗争的形势、吸收了其他宗教和学派的某些有用的内容。董仲舒的神学目的论,宣扬天人感应,神能赏善罚恶,上天直接干预人事,对君主的过失进行谴告。这种神学比较粗糙,经过唯物主义哲学家王充的元气自然论所做的理论批判之后,在理论上已很难成立。宋明儒教扬弃了这种粗糙的神学形式,不宣扬有意志的人格神,吸收了佛教的宗教理论,用作为世界本身的"理"或"天理"来论证"三纲五常"的合理性。人为宗教实质上是人们社会关系的异化。是否信仰有意志的人格神,是否举行祈祷献祭,并不是判别宗教和非宗教的标准。佛教的禅宗,禅堂中不立佛像,也没有宗教仪式,它确是一种不折不扣的宗教。章太炎称佛教为无神论的宗教,这种说法可以商榷,但也概括了佛教特别是中国的佛教的某些特征。宋明儒教的"天理",就是"三纲五常"的异化,它把只存在于封建社会中的人与人的关系和价值标准异化为绝对永恒的神圣秩序,压制人们的理性,使人们温驯、顺从,宋明儒教和董仲舒的神学虽然在理论形态上有精粗之分,从目的和作用方面来看,并无不同。由于二程、朱熹把天、天命、上帝这些神学概念都解释为"理",当作哲学概念来宣传,看起来好像脱掉了神学的外貌,实际上却是一种具有深刻意义的神学。

儒教不重视个人的生死问题,却十分重视家族的延续。所谓"不孝有三,无后为大",就是把断子绝孙,不能传宗接代看作极端可怕的事。在封建宗法制度中,个人依附于家族,以断绝"宗祖血食"为大罪,个人生存的目的和意义,就是承继祖宗的余绪,维系家族的延续。在儒教所崇拜的"天、地、君、亲、师"中,"亲"虽居第四位,从上古氏族社会沿袭下来的祖宗崇拜,是一种古老的宗教形式。所以儒教尽管不像佛教那样多的谈论个人的生死,但是"奉天法祖"的观念本身就是一种宗教观念。

儒教不主张出家,而注重现实的人伦日用之常,带有很强的世俗性。宗教的世俗化是宗教发展的一般趋势。马丁·路德的宗教改革就是把僧侣变成了俗人,但又把俗人变成了僧侣。中国的禅宗也是如此,它把西方极乐世界转化为人们所体验的一种精神境界。《坛经》说:"东方人造罪,念佛求生西方;西方人造罪,念佛求生何国?"所谓彼岸世界并不在这个现实世界之外,而就在人们的心中。"运水搬柴,无非妙道",解脱的道路就体现于日常的生活之中。宗教的世俗化是宗教适应现实生活的一种表现,是否具有这种适应性,是判定宗教生命力强弱的主要标准。儒教和其他的宗教不同,它不是先虚构出一个彼岸世界,然后逐渐挪到现实世界中来,而是把现实世界中的"三纲五常"进行宗教的加工,使之转化成为一个彼岸世界。宋明儒教反复讨论所谓"下学上达""极高明而道中庸"和禅宗从"运水搬

柴"中去体验妙道一样,这是主张从下学人事去上达天理,在人伦日
用之常中去追求所谓高明的精神境界。这种精神境界实质上就是一
种彼岸世界。我曾讲到,董仲舒的神学,宗教的某些特征尚有待于完
善,理由之一就是在他的神学体系中,彼岸世界的思想不够成熟。宋
明儒教吸收了佛教的思想,按照维护宗法制度的要求进行改造,把天
理说成是人们应该毕生追求的目标,是唯一的精神出路,并且设计出
了一套完备的主敬、静坐、"存天理,灭人欲"的修养方法,儒教的宗教
体系也就发展成熟了。

宋明儒教,是儒、释、道三教合一的产物。它以儒家的封建伦理
纲常名教为中心,吸取了佛教、道教的一些宗教修行方法,加上烦琐
的思辨形式的论证,形成了一个体系严密、规模宏大的宗教神学结
构。它既是宗教又是哲学,既是政治准则又是道德规范。这四者的
结合,完整地构成了中国中世纪经院神学的基本因素。

社会是一个有机体,当它的各部分机构发展得比较完备时,它自
身会产生一种自我调节的作用,使不利于这个有机体生存的因素受
到遏制,使有利于生存的因素得到加强。儒教作为中国封建社会上
层建筑的一个有机组成部分,对于巩固封建社会的结构起了相当大
的作用。它和中国中世纪后期的整个历史进程密切结合,一方面加
强了中央集权的封建大一统的政治格局,另一方面也压制了资本主
义因素的萌芽,延缓了封建社会向资本主义社会的转变。

儒教把维护封建宗法制度的"三纲五常"纳入神学体系,将君、师
的地位奉为至高无上,皇帝要礼拜孔子,而儒教中人都要拜皇帝,皇
帝代表上帝(天)发号施令,这样以神权强化王权,客观上避免了欧洲
中世纪教权与王权长期争夺的局面。在欧洲,由于教权与王权的分
立,僧侣和世俗两大贵族阶级的争夺,无法形成统一的封建统治,使

欧洲处于长期封建割据状态,列国林立,互争雄大,一直影响到近代。中国的儒教则积极地配合王权,用思想上的统一来加强政治上的统一。

儒教取得统治地位之后,得到历代中央政府的支持,《四书》《五经》作为封建教育的教材,用以宣传"三纲五常"思想,强化封建宗法制度,并通过科举制度,依据对儒教经典的领会程度选拔符合要求的知识分子做官。儒教成为统治思想,它的信仰精神深入人心,那种不利于中央集权的封建割据,以及所谓异姓"篡位"的政变发动,都被视为大逆不道,受到社会的谴责,而曹操、司马懿一流人物竟至为后期封建社会所不容。

中国是一个多民族的国家,我国北方许多少数民族,原先处在氏族部落社会,进而发展到奴隶制社会。由于接触了中原地区的儒教文化和儒教思想,促使他们很快地跨进封建社会,如辽、西夏、金、元、清这些朝代,都得力于儒教的文化思想,在社会发展中缩短了封建化的过程。在这些民族中宣传儒教的一些重要人物,如许衡、耶律楚材等,对于促进各兄弟民族思想文化的融合,是起了积极作用的。

中国的封建制发展得十分完备、典型,在当时世界经济文化之林名列前茅。儒教代表了中国封建社会发达的文化,是一个包罗万象的体系,它不仅综合了自先秦以来的儒家思想,也广泛吸收了佛教、道教和其他一些学术流派的精神成果。它尊天命而又重人事,讲求治国平天下的道理以及处世为人的准则,教导人们如何自觉地克制情欲和物质生活要求,即宋儒所说的用"天理之正"去克服"人欲之私"。同当时欧洲的基督教神学相比,这种儒教的世俗性较强。随着中外文化的交流,儒教也传播到邻国如朝鲜、日本、越南、俄国,直至西欧。这些国家通过儒教接触到并了解了中华民族的精神文化,同时儒教思想也在他们本国的具体历史条件下,发生了不同程度的影响。

儒教是在宋代正式形成的,这时中国的封建社会开始走下坡路,因而儒教的主导作用就是为处于停滞僵化状态的封建社会注射强心剂,禁锢人们的思想。中国封建社会的文化,以唐宋划界,可以明显地区分为两个不同的时期。汉唐时期,文化是开放的,外向的;宋明以后,则是封闭的,内向的。汉唐时期,中国封建社会处于上升阶段,文化生活丰富多彩,而且善于吸收外来的艺术,人民能歌善舞,体力充沛,健美开朗。这可以从敦煌壁画和唐代贵族陵墓发掘的绘画人俑艺术中看得出来。但是自从儒教占了绝对统治地位以后,文化教育着重于"惩忿窒欲",加强人们道德上的"主敬""慎独"的功夫,将古代具有认识客观世界意义的"格物致知"完全变成"诚意""正心"向内修养的手段。有的学者虽也认为"格物"有认识外物的意思,但也只是为了达到一种神秘境界,即所谓"豁然贯通"的程序。这就严重阻碍了认识自然、改造自然的科学思维的发展。本来,哲学的职能在于推动人们思维能力的发展,开拓人们对自然和社会的视野。但是儒教却和中世纪一切宗教一样,注重自我的宗教训练,加强内心的忏悔和涵养,把反观内省的修养功夫作为人类追求的最高境界。结果将人们引向"睟面盎背"的僧侣苦行主义,将俗人僧侣化,人们的言谈举止都必须符合宗教规范。这样长期训练的结果,使知识分子变得迂腐顽固,在思想界便不复有生机蓬勃的闳阔气象了。

儒教中无论是程朱派或陆王派,都吸收了佛教的禅定方法,他们提倡的"主敬""慎独",均无异于坐禅。像朱熹即教人半日静坐,半日读书。清代反程朱理学的学者颜元曾讥讽说:"半日静坐是半日达摩也,半日读书是半日汉儒也。试问十二个时辰,那一刻是尧舜周孔乎"(《朱子语类评》)。他还指出儒教熏陶下培养出来的读书人,终日静坐、读书、不劳动、无所事事,以致"天下无不弱之书生,无不病之书生,生民之祸未有甚于此者也"(同上)。颜元向往"尧舜周孔"之道,不过是他的空想,但他批评宋儒的弊端则是事实。这种弊端和毒害亦非颜元首次发现,朱熹在世时,就遭到过当时关心社会的进步人士的反对,像陈亮和叶适等人即曾提出批评。陈亮说:"自道德性命之说一兴,而寻常烂熟无所能解之人自托于其间,以端悫静深为体,以徐行缓语为用,务为不可穷测以盖其所无,一艺一能皆以为不足自通于圣人之道也,于是天下之士丧其所有,而不知适从矣。为士者耻言文章行义而曰'尽心知性',居官者耻言政事书判而曰'学道爱人',相蒙相欺以尽废天下之实,则亦终于百事不理而已。"(《陈亮集·送吴允成运干序》)叶适也说:"为文不能关教事,虽工无益也……立志不存于忧世,虽仁无益也。"(《叶适集·赠薛子长》)

当中国的封建社会走下坡路时,儒教所起的作用总的说来是保守的以至消极的。在这一时期曾出现不少奋发有为的改革家,他们的改革大多遭到失败。尽管可以举出许多事实说明改革家的行动失误,客观形势的扞格等等,然而主要的阻力仍在儒教造成的顽固守旧的社会势力。特别到了明清以后,儒教更加成为社会前进的绊脚石,使我国封建社会内部孕育着的资本主义因素在胚胎之中便遭到扼杀。我国近代许多民主改革的先驱,为了冲破儒教的网罗,进行了可歌可泣的英勇斗争,有些人则被责为儒教罪人而牺牲。

儒教经常以反宗教的姿态出现,并且猛烈抨击佛教和道教,致使有些史学家误认为中国没有经历欧洲中世纪那样黑暗的神学统治时期,其原因就是得力于儒教。这种误解一是只看到了西方中世纪宗教形式与中国儒教的区别,而忽视了儒教的宗教实质;一是只看到儒教具有丰富的哲学思辨内容,而忽视了它的宗教思想核心。儒教讲的第一义谛是"天理",它不在于启迪人的心智,而是用神秘直观的宗教实践去体察、涵养,要求人们摒除欲望,存养天理,以期完成作圣之功。在儒教的长期熏陶下,社会上形成麻木不仁的状态,即如鲁迅所痛切抨击的"国民性"。这种"国民性"当然不是中华民族的固有精神,而是儒教桎梏所造成的畸形、变态。一个人长期囚禁在幽室,必然苍白失色;一株树生在大石缝中,其根枝必然盘结扭曲。儒教压制了追求个性解放的人本主义思想的抬头,禁锢人们的思想,束缚人们的心灵。鲁迅面对旧中国灾难深重的中华民族,曾"哀其不幸","怒其不争"(《摩罗诗力说》),对儒教长期流毒的认识是十分深刻的。

儒教所起的主导作用对今天的新中国的前进也是一种严重的思想阻力,甚至也是社会阻力。因为宗教既是一种意识形态,又是一种社会力量。长期的宗教影响极易造成一种共同的习惯势力,共同的心理状态。儒教的影响对于今天的中国虽然只是残余,但不可忽视。

当然,儒教作为在中国的社会历史条件下产生的一种复杂的历史现象,它对中国的社会和文化的影响也是多方面的,这些都应该联系到具体的历史进程作细致深入的研究。同时,它的产生既是一种历史的必然,便有其存在的合理性,因而对它的历史作用也就应该做出全面的估计。比如从中国哲学史上来看,儒教哲学就是中国哲学思维发展的一个不可缺少的环节。它继承了魏晋玄学的成果,经过儒、释、道三教哲学思想的融合,把唯心主义本体论推进到一个新阶段,丰富了哲学史的内容。有了程朱和陆王的儒教哲学,才有可能诱发出王夫之、戴震的唯物主义元气本体论来。我只不过是指出宋明儒教不同于先秦的儒家,实质上是一种宗教,带有中世纪的经院神学的特征。如同欧洲中世纪的托马斯的学说一样,既是一种神学,也是一种哲学。但是只有首先注意到它是一种神学,然后才能把它和近代哲学准确地区别开来,在分析评价它的哲学思想内容时容易掌握分寸。

明清理学评议①

明清两代在中国封建社会的历史上是一个急剧变化的时期。中国学术界的多数朋友们认为,这个时期是中国封建社会的后期,是中国封建社会接近结束的时期。中国封建社会经历的年代比较长,史学界多数学者认为汉至唐中期以前是中国封建社会的上升阶段,中唐以后,经济发展趋于缓慢,处于逐步下降的阶段。中国封建社会为什么会停滞这么长久?关于这个问题,历史学界争论很多。原因是多方面的,起主要作用的当然由于封建经济结构比较顽固,政治结构严密,封建统治力量强大,用政治力量限制工商业的发展,因而使资本主义因素成长缓慢;其次,在思想方面,宋以后的理学思想也限制了资本主义因素的发展。宋、元、明、清的理学,即官方的学术思想,它通过各种渠道,使封建社会尽量少改变甚至不改变。特别到明清时期,理学在推迟社会变化、加强封建社会的统治秩序方面,起了极其重要的作用。也就是说,统治阶级的思想与当时的政治,经济互相配合,维持了封建社会的稳定,推迟了资本主义的发展。

从宋、元两代起,理学就占了统治地位。明代以后,程朱理学思想被规定为官方合法思想。明代中叶,王阳明学派一度占了比较大的势力。但王阳明学派是为了补救朱熹学派的流弊,作为程朱学派

---

① 原载《明清史国际学术讨论会论文集》,天津人民出版社,1982 年 7 月版。

的辅助力量而出现的。到了清朝,朱熹学派占了主要地位(我们现在不是具体地讲哪一个哲学家,哪一个流派的思想,只是谈谈总的趋势)。理学,外国译为新儒教、新儒家,因为它打的是儒家孔孟的旗帜。理学在中国历史上起了什么作用,对这个问题,我谈谈自己的初步想法。一些外国学者提出,不能简单地把理学说成是代表官方的。他们的理由是:有些理学家,在当时就是受迫害的。如程颐给皇帝讲书,不受欢迎而被辞退;朱熹给皇帝讲书,只讲了一个多月就被免职;朱熹的学说在南宋一度遭到禁止,被斥为"伪学",如果说理学是维护封建统治阶级的,那么,理学家就不会有这样的遭遇。我认为,一个人的遭遇与他的思想学术体系应该分开考虑。封建皇帝不喜欢某个理学家本人,不等于说这个理学家的学说对封建统治阶级不利,不是维护封建统治的。像二程的思想,在北宋并不那么受到重视,而到了南宋,他们的思想却得到极大的推崇。朱熹活着的时候,遭到冷遇和迫害,而在朱熹死后,他的思想体系,如尊君、强调三纲五常、加强君主专制这些基本思想,却成为巩固和强化封建统治的极其重要的工具。

这些年来,研究中国哲学史的人习惯于把中国哲学家分成唯物主义或唯心主义两个阵营。三十年来,我们一直是这么划分。外国朋友研究理学、研究中国哲学史,则把它们划分为"心学""理学"以及其他种种划分办法。对于这些划分办法,不拟在这里讨论。

现在,我提出讨论的是:宋明哲学要解决的中心问题是什么?简单地说,我认为就是如何处理天理与人欲的关系问题。当时,在天理与人欲的关系上,理学家们展开了讨论。有的人主张消灭人欲,保存天理;有的人主张应给人欲以适当的地位。较进步的认为天理离不开人欲,天理存在于人欲之中,个别人认为人欲是合法的、合理的,应该给予满足的。

"存天理、去人欲"是个哲学问题,还是个宗教修养问题?我认为它不是哲学问题而是个宗教修养问题。因为哲学是研究主体与客体的关系、思维与存在的关系,它是一门论证客观世界及其规律能否认识的学问。主张"存天理、去人欲"的理学家们不探求主观与客观的关系,讲的是如何拯救人类灵魂的问题。理学家认为人的灵魂中先天地带有罪恶,这种生而俱存的罪恶必须消灭、铲除,才能把灵魂中正确的东西发挥出来。所以它不属于哲学领域的问题而属于宗教问题。

儒家是不是一种宗教,国内外都有两种不同的看法,有人认为是,有人认为不是。我认为孔夫子是一个哲学家,政治家,不是一个宗教家。他的哲学观点在学术界还在讨论,有人说是进步的,有人说是保守的,这是个学术问题,也许还要长期争论下去。可是,后来的儒家,经过汉朝董仲舒的改造,到了宋朝,又经过程朱的改造,这时期的儒家和春秋时期的儒家大不一样了。它吸收了佛教、道教的某些因素,形成了儒教,而不再是儒家。先秦时期孔夫子的儒家与汉宋以后的儒教不应等同起来。有些人习惯地说,儒家统治了中国两千多年,这种说法不大准确,哪里有一个如此长寿的学派呢?社会也在变嘛。"五四"时期所提出"打倒孔家店"的口号,实际上要打倒的是以孔子为招牌以掩护其腐朽的封建思想体系和封建社会制度。当时要打倒的"孔家店"与真正的孔夫子关系倒不大,人们心目中的孔家店,奉行的是程朱陆王建立的儒教思想体系。

宋明儒学,一般称为理学,我认为它可以称为儒教。儒教盛行的结果,限制了科学的发展,儒教引导人们致力于内心的考察,而放弃向外追求知识。这一倾向到明代王阳明就更加突出。王学认为格物就是格心内之物,把格物说成格心。它诱导人们作内心的反省而不是去认识、改变现实世界,它要求人们去改造自己的内心、去适应现实世界。换言之,你如果觉得现实世界不合适,那就是你的思想不对头,首先应改造自己的思想。

明清时期,国家的统治体制进一步贯彻了封建家长式的统治,《大学》这部书,就强调儒教的宗教修养,提出了关于"修身、齐家、治国、平天下"一系列修养的步骤。皇帝被看作全国最高的家长。皇帝以下也是一层层的家长统治,一直推广到农民的一家一户的家长制。于是一家一户的小农经济在家长制下得到了巩固,以小农经济为基础的封建社会赖以延续。

理学或儒教的存在和发展,其流毒至广至深。

中国科学技术落后,很多研究中国历史的人都说始自鸦片战争以后。我认为它是从明朝中叶开始的。像中国古代的四大发明之一的火药,在发明之后的很长时期里,中国对它的使用还停留在放鞭炮,制礼花的水平。可是,在明朝时期,用火药造大炮造得最好的是西方而不是中国。中国历史上称之为红夷大炮的一种先进武器,是从葡萄牙传入中国的。以绘制地图为例,说明中国古代的地理知识在唐朝时期在全世界是先进的,但到明中叶以后,西方地理知识超过了中国,地球是圆的,在中国人的头脑中没有这个观念。再如历法:历法与天文、数学的关系极密切,中国很早就有过较先进的历法,但到明末清初,外国的历法准确性却超过中国。这都说明,由于理学或者说是儒教的影响,中国的科学停止了发展,它主张向内反省,排斥向外追求的结果,扼杀了科学的进展。

从向外考察转而向内反省,这个变化是从宋代开始的,至明清变本加厉,其流弊日益严重。明初还有多次下西洋的航海活动,清代以后,就不见记载了。闭关自守的政策,严重地限制了当时人们的眼界和思路,而闭关自守也是明中叶以后才开始的。

宣传"存天理、去人欲",就是宣传禁欲主义,这是宗教教条。理学就是要想方设法遏制人们正当的欲望。宗教和科学从来就是死对头。现在有一些为宗教辩护的说法,认为宗教与科学可以相辅相成。我认为,宗教与科学是对立的:宗教占统治地位,限制科学的发展,科学的发展,必然压缩宗教的地盘。

由于宋明理学长期地起支配作用,使得中国社会停滞不前,即使出现了新的思想、新的力量,也被占统治地位的儒教思想拖住甚至扼杀。从对历史人物的评价上,同样可以看出儒教对思想的摧残。宋以后,封建正统观念占支配地位,特别是理学大师朱熹写了《通鉴纲目》之后,曹操就变成了坏人,因为他篡夺了刘姓皇帝的权柄。在唐代,人们心目中的曹操还是个正面人物,杜甫诗《丹青引赠曹将军霸》一开始就说:"将军魏武之子孙……"称赞曹霸出身是高贵的。可见,在当时人的心目中,曹操是个英雄,而封建正统观念占支配地位后,曹操才变成了反面人物。五四运动时,北大学生到天安门游行,高举标语,打倒曹、章、陆,声讨曹汝霖卖国罪行。曹汝霖卖国,引起爱国群众的公愤、怒骂,罪有应得。但有人骂他的理由是:曹汝霖是曹操的后代,所以他一定不会干好事,这就是封建正统观念在作怪了。可见,当时的革命运动,革命的群众都是反对宋儒封建正统观念的影响的,而有时,他们不自觉地流露出某些封建正统观念,说明封建正统观念已深入人心,不是很容易消除的。

综上所述,可以看出:宋明理学、儒教所宣扬的好像是学术问题,可是它直接影响到我们当代的政治生活、文化生活和思想状况。特别作为中国学者,对儒教更有深切的感受。从儒教的影响来看,又不仅是个学术问题,而与现实生活有着十分密切的关系。希望国内外的朋友们共同讨论、研究,把问题搞清楚。

具有中国民族形式的宗教——儒教[①]

孔子是儒家的创始人。孔子以前已有以儒为职业的,但他们还不成为学派。孔子一生从事教育事业,开门授徒,以他的思想体系教人,于是中国出现了第一个学派——儒家。孔子和儒家有不可分割关系,是大家公认的。后来宋朝兴起了儒教,儒教奉孔子为教主,教主出现在孔子死后若干年,孔子对此不负任何责任。儒家与儒教不是一回事。

北周时已有"三教"的说法(三教指佛教、儒教、道教),北周国祚短促,没有引起注意。隋唐时期"三教"之说已很流行,唐朝凡遇国家庆典,诏"三教"辩论于殿廷。儒、释、道三教为自己的"教"争荣誉、争地位,都推派代表积极参加。

唐朝不少排斥佛教、道教之人,最为人所知的有韩愈。韩愈排斥佛教(也反对道教),韩愈排佛教在于用儒教代替佛教和道教,为儒教争地位。像韩愈这种主张的人,唐朝占少数,社会上多数人承认三教鼎立这样的事实,认为孔子、释迦、老子都是"圣人",都值得尊敬[②],释迦的身份从南北朝起,人们已不把它当作外国人看待,佛教经典也取得与儒家经典同样合法的地位,建立了"佛教经学",普及程度超过

① 据《任继愈学术文化随笔》,中国青年出版社,1996 年版。原载《文史知识》1988 年第 6 期。曾收入《儒教问题争论集》《皓首学术随笔》,中华书局,2006 年版等。

② 三教鼎立,孔子、老子已被看作教主,地位与先秦的孔子不一样了。

了儒家经典。

儒教成为完整形态的宗教,应当从北宋算起,朱熹把它完善化。多年来人们习惯地称为理学或道学的这种体系,我称之为儒教,这不是什么名词之争,它实在关系重大。为了说明事实,先从中国的国情说起。

唐虞三代的历史资料留下来的不多,我们只从秦汉说起,秦汉奠定了后来两千多年的政治格局,即统一的中央集权的封建专制制度。秦汉以后的许多朝代,直到清末,都是沿着这条路线向前走的。两千多年来也有分裂的时候,不过为期不长,即使分裂期间,从人民到统治者都认为是不正常的现象,统一才是正常的。两千多年贯串着一对基本矛盾:政治上的高度统一,经济上的极端分散。封建经济是一家一户为生产单位的自然经济,产品为了自己消费,不为流通。经济交流、手工业品基本上是封闭的,只有供上层贵族享用的奢侈品带有全国性的流通,南海的珍珠、丝绸,北方的毛皮都集中到宫廷贵族手中,丝绸之路还远达欧洲。但这也限于奢侈品,不能与后来资本主义时期的商品相提并论。

自然经济的特点是封闭型,分散经营,不希望政府过多的干预。中国秦汉以后是统一的大国,从政治上要求集中权力,多民族,地区广大,如果政令不一,就难以达到统一的目的。中国中原地区进入封建社会比较早,生产也比较发达,周围的地区有些民族还处在奴隶制甚至原始社会,双方难免发生掠夺性战争。为了保证国家的生产正常进行,客观也需要有一个强有力的中央政府来维持安全繁荣的局面。政治上的高度统一,是客观需要,经济上的极端分散又是客观现实,它是自然经济的本性。政治的集中与经济的分散,这一对矛盾如何协调,不使它畸轻畸重,便成了历代统治者关心的大问题。儒教在这里起着重要作用。

封建社会靠什么统治？像中国这样纵横数千里、上万里的大国，光靠武力、政治的权力是办不到的。除了政治军事力量以外还得有宗教来配合。世界的三大宗教都是在封建社会发展起来的，这不是偶然现象。封建社会需要宗教。如果仅仅是个人的需要，它带有主观因素和偶然性，可以不必太注意，如果出自社会的需要、国家的需要，这就不能看作主观的、偶然的，它具社会性、群众性、客观性。宗教的产生和流行，即出于社会客观的需要。儒教就是出现在中国古代这块土地上的特殊宗教，只有中国才能有的宗教。

宗教之所以为宗教，有它的本质部分和外壳部分。外壳部分，是它的组织形式、信奉的对象、诵读的经典、宗教活动的仪式，等等。这些方面，因教而异，各不相同。宗教之所以为宗教，还有它的本质部分，本质指它所信仰、追求的领域是人与神的关系或交涉。用中国古人习惯的说法即"天人关系"。宗教涉及的范围既在社会生活之内，又在社会生活之外。宗教要处理现实生活中的吉凶祸福问题，同时又要借助超现实的外在力量。"天人关系"涉及两个对象，"天"和"人"，两者之中，有一头是虚设的——天；有一头是实在的——人。这必然造成它的虚构性与实践两者的奇特的联系。

有没有一个创造世界的主宰者，创造世界的主宰者是什么形象，是慈祥还是严厉，是中国人还是外国人，有形还是无形①，这都不重要。宗教与哲学都讲人生和社会的根本问题，但两者的立场和方法不同。哲学用理性、思辨的方式，去探索、分析世界和人生的根本问题，宗教以信仰和直观来探索、解决世界和人生的根本问题。哲学至

---

① 佛教、基督教有圣像供奉，伊斯兰教无圣像，道教不承认有造物主。

少承认有些问题还搞不清楚,不便贸然下结论,宗教不承认有解决不了的问题,也没有搞不清楚的问题,人生中遇到的一切疑难大症,宗教都能手到病除。由于有这样的差别,哲学从宗教中分离出来以后①,与科学的关系较密切;宗教从本质上与科学对立,因为信仰主义不允许怀疑,崇拜的对象决不允许当作研究的对象,走的是一条非理性主义的道路。也有的宗教哲学用理性主义的形式把人引向信仰主义,佛教中某些流派就是用思辨的手段,把人引向信仰主义的。理学,我叫它做儒教的,就是这样的一种以理性主义为手段,最终把人引向信仰主义的。宋儒教人读书要善于怀疑,朱熹关于读书法讲了很多有价值的经验。但不允许怀疑人为什么要孝,为什么要忠。对忠孝发生怀疑,等于禽兽。王阳明算是最大胆的反传统的怀疑者,敢于对孔子的话进行考虑后才相信,不盲从。但王阳明也不敢怀疑,人是否要忠,要孝。认为忠孝是天性,是良知所赖以发生的根荄。

宗教提倡禁欲主义,并有一系列遏制欲念的训练方法,儒教也是这样,"惩忿、窒欲"是儒教修养的一项基本内容。哲学教人服从真理,为真理而斗争。朱熹遇到小人当道,对他进行压迫时,他没坚持斗争,把上奏皇帝进行申辩的稿子销毁,自称"遁翁",这是他占卜以后受到神明的启示以后做出的决定②。主宰命运的是"天",不是"人"。对待"天人之际",最后屈人以顺天。

儒教除了具有宗教的一般本质以外,儒的外壳,也有宗教的特征。它信奉"天地君亲师"。君亲是封建宗法制度的核心;《四书》

---

① 在欧洲是近代以后的事,中世纪时期,哲学在宗教的包容下才能存在。

② 朱熹《周易本义》开头讲占卜仪式,说:"日炷香致敬……筮者斋洁衣冠北面,盥手焚香,致敬……命之曰:假尔泰,筮有常,假尔泰,筮有常,某官姓名,今以某事云云,未知可否,爰质所疑于神于灵,吉凶得失悔吝忧虞,唯尔有神,尚明告之。"

《五经》《十三经》是儒教共同诵读的经典;祭天,祭孔,祭祖,是封建宗法制下,自天子到老百姓按等级制度举行的儒教祭祀仪式。童蒙入学塾读书,开始接受儒教的教育时,对孔子牌位行跪拜礼①。从中央到地方各州府县都建立孔庙,为孔教信徒定期聚会朝拜的场所。正因为它是一种中国自己培养起来的宗教,它以封建宗法制为核心,吸收了佛教、道教中的一些宗教修养方法(如禁欲主义、静坐反省)。它千百年来,培养、锻炼出了大批忠、孝的典型,载入典册,铭于金石、祀于廊庙。儒教有时以反宗教的面貌出现,实际上用适合封建宗法制的民族形式的宗教,以更加入世的姿态把人们引入信仰主义、蒙昧主义、偶像崇拜的死胡同。

儒教建立后,历代政府用行政命令推行它的主张,用科举考试鼓励青年人钻研诵习,耳濡目染,使宗教社会化,把俗人变成僧侣。人们记忆犹新的十年动乱期间的造神运动所以得逞,千百万群众如醉如狂的心态,它的宗教根源不是佛教、不是道教,而是中国儒教的幽灵在游荡,只不过它是以无神论的面貌呈现在人们面前的。

---

① 鲁迅记述他幼年入学,在三昧书屋拜师礼,还未改。

从程门立雪看儒教①

1992年《群言》第8期,有张岱年先生的"辨程门立雪",澄清了以讹传讹的事实,如实表述了程门师生关系,对时下学术界不求甚解的学风多所纠正,文章写得很好。

现在,我试图换一个角度来谈谈程门立雪。弟子们肃立在老师身旁达两三个小时之久②,老师瞑目而坐,是闭目养神?打瞌睡?还是在干什么?

据记载,河南程氏兄弟(哥哥程颢,弟弟程颐)同时讲学,传授同一批弟子,他们治学方法基本相同。只是两人的性格有差异,哥哥程颢为人平易近人,弟弟程颐为人严肃,弟子们见了有些怕他。程颢死后,程颐继续教授他们的门徒。

> 伊川见人静坐,便叹其善学。(《伊川学案》)
>
> 明道(程颢)终日坐,如泥塑人。(《明道学案》)
>
> (谢良佐)往扶沟见明道,受学甚笃。明道一日谓之曰:"尔辈在此相从,只是学某言语,故其学心口不相应,盍若行?"请问焉。曰"且静坐"。(《上蔡学案》)

---

① 据《任继愈学术文化随笔》。原载《群言》1993年第2期,曾收入《儒教问题争论集》等。

② 按华北中等降水量计算,雪深一尺,至少要下两三个小时。

程门培养学生一方面是知识教育,一方面是德性教育。程伊川归纳为两句话:

> 涵养须用敬,进学在致知。

进学指读书、讲史、体会经书中的道理。《二程遗书》中有关儒家经典的注解、阐发都属此类。程颐的《易传》是程氏释经的代表作。此外,对《论语》《孟子》《大学》《中庸》的解释,都属于致知方面的教材。

致知不在于教人增长见闻,而是以读书为门径,达到成圣成贤的目的。

涵养用敬,在于培养学者的德性,通过做功夫,体验圣贤的精神境界。进学与涵养不可偏废,但涵养比读书更重要。程伊川认为精通经史、学识广博、文章华美,都是致知范围,如果缺少涵养用敬功夫,就算不得真正有学问。苏轼与程颐同朝为官,彼此相识。程颐认为苏轼不过个文人,缺乏涵养功夫,离圣贤境界甚远。苏轼也讥笑程颐迂阔、顽固、食古不化。

《中庸》是程伊川大力推崇的经典①。《中庸》说"喜怒哀乐未发谓之中,发而皆中节谓之和"。程门教人静坐、反思、体认圣人"中和"气象。这是一种内心自我调节的精神训练,要求既不着意去思虑(佛教谓之非想),也不排除思想(佛教谓之非非想)②。经过长期训练,使人保持心理上的绝对平衡,超常安定。类似这种训练方法,佛教谓之"禅定",道教谓之"坐忘"。唐宋以降,佛、道都宣传这种宗教

---

① 《论语》《孟子》《大学》《中庸》称为"四书",其地位与"五经"并列,首先推动者是程伊川。

② 人们通用的"想入非非"的典故来自佛典。

修养功夫,缺少这种功夫,就不配跻身学林,更难进入圣域。

佛教、道教的宗旨都教人疏远社会生活,摆脱家庭关系。儒家教人既要有超出凡俗的精神境界(中和境界),又要以这种精神境界为基础,积极参与社会活动和家庭生活,儒家提倡增强个人身心修养,以超凡脱俗的精神境界参与治国平天下的入世活动。把内在超越与外在社会活动融为一体,从而实现完美无缺的人生价值。这也就是儒家标举的"内圣(个人修养)外王(平治天下)之道"。

程氏教育门人的修养方法并非独创,它反映了隋唐以来佛教、道教长期流行的宗教修养思潮。司马光与程颐不同道,他的修养方法是静坐时,集中意念,沉思一个"中"字。与程氏兄弟同时的张载、邵雍等人,各有一套与程氏静坐大同小异的精神修养方法。

从南北朝到隋唐,几百年间,佛教道教势力远远超过儒家,二教的精神修养方法恰恰又是孔、孟和汉代儒家所缺乏的。唐以后的儒家为了在激烈的三教斗争中取得立足之地,不得不吸收二教的精神修养方法来充实自己,从而形成了新儒家(New-Confucianism),也称为儒教。程门立雪的故事,一方面说明儒家尊师重道精神,另一方面也表明当时儒家确实受佛道二教影响,把二教的宗教修养方法纳入儒教中来。

儒教是不是宗教,国内学术界有不同的观点,有人认为是宗教,有人认为不是。形式上儒教显然与现在流行的世界三大宗教不同。如果从宗教实质来看,它具有宗教实质。宗教形式为教团组织,宗教教义,崇拜对象,诵读的经典,固定的教徒等,儒教都有。宗教实质是它对现实世界的超越性。相信西方净土、死后进入天堂,是宗教的超越性,这是一种外在的超越。还有一种超越性,不必到另外世界寻求超越,只要在现实生活中改变一下世界观,即可超凡入圣。把宗教世界观的内在超越发挥得最充分的是中国的禅宗。禅宗宣称,一悟即菩提,一迷即凡夫。求佛解救,不如自己解救。禅宗说,"运水搬柴,无非妙道",成佛不必去西天,当下即可成佛。像禅宗内在超越观,儒教完全具备。儒教说,既然运水搬柴都是妙道,可以见性成佛,那末事父事君,过正常的社会生活为什么不能成圣成贤呢? 只在日常生活中,"存天理,去人欲",不断涵养用敬,自然可以提高人们的思想境界。境界不同了,尽管行为看起来和一般人没有什么不同,但境界上有凡圣的差别。宋代以后,建立的儒教就是特别强调人们精神修养,内在超越的具有中国特色宗教。儒教对中国社会起着稳定封建秩序、延缓封建制度解体的作用。宗教通过有效的政教合一的完备体制,也增强中华传统文化的传播和普及,对民族的凝聚力起过积极作用。到了近代,儒教也起过妨碍现代化的消极作用。

中国的宗教与传统文化^①

　　自从人类脱离了蒙昧时期，就产生了宗教。宗教是人类社会发展必须经历的过程。据现在的社会普查表明，世界上还没有发现哪一个国家或民族没有宗教的，虽然各自有不同性质的宗教信仰，是多样的，但不是统一的。

　　中国古代的宗教是"儒教"。这是从它的发展成熟后给以定名的，在成熟之前，已有一些后来儒教的基本要素、基本信仰的神灵。

　　从发展的道路来看，我把它分为：

　　（一）前儒教——殷周开始到春秋战国。

　　（二）准儒教——汉代到隋唐。

　　（三）儒教——宋到"五四"时期。

　　前儒教：提出了以昊天上帝为信奉中心。祖先崇拜，图腾崇拜以及地方巫术，都纳入这一上帝信仰之下。

　　准儒教：推出了以孔子为教主的经学神学系统。魏晋南北朝建立了"三教"。三教并立，儒教入世，佛、道出世，共同教化天下。三教都尊奉中国的忠、孝三纲原则。最上神，三教分立，未统一。

　　儒教：宋以后，三教合一已成定局，儒教占有绝对优势，将佛、道二教的心性、宗教修炼方法吸收进儒教。汉朝定儒为一尊，后来佛、

　　① 原载《念旧企新——任继愈自述》，人民日报出版社，2011 年版。

道兴起,儒教的一尊地位受到挑战。但儒教占政治的优势,并采取吸收、融化的方式,终于从三教鼎立到三教合一,以儒教为核心,建成完整的儒教体系。

(一)儒教以上帝为最高神,下面包括地上百神、祖先神、圣贤神孔子三大系统。不能因为中国儒家有了众多的神,就称它为多神教。众神的地位是不同的。儒教的根本历史作用,和其他各大宗教一样,都是用神学论证、保证君权合法性——"皇权神授"。从殷、周到袁世凯、溥仪称帝,都用"神权"为"皇权"作论证。祭天是最隆重的国家大典(等于西方帝王的加冕)。

(二)儒教最成功地完成了"政教合一"的体制。西方教皇与国君是两个人,引起政教之争。中国儒教则"教皇"与国君统一为一个人。从尧舜以来,天子是政治领袖,又是宗教领袖,没有政教之间的斗争,而是融合无间。秦汉以后,长期稳定的大国,没有分裂(短期分裂只是例外,被认为是乱世,不正常),与中国儒教的政教合一体制有关。

(三)儒教发生在统一的、多民族的大国。它具有高度的包容性,兼收并蓄其他地方宗教、地区神,把它们安放在适当的地位。诸神并存,共同拱卫着至高无上的上帝(昊天上帝)。多民族的凝聚力也反映在多神向昊天上帝的凝聚力。

(四)社会不断发展,五千年的文明古国不断产生新的事物,社会上产生新的矛盾,在人民生活中也会不断有新问题。儒教通过它的宗教教义,不断给以新诠释。中国古代儒教经典中只有"四书""五经",但关于"四书""五经"的注疏、诠释数量极多。古人"以述为作",述也是作。"诠释"的作用极大,中国古代文化遗产主要是借诠释来完成的。

(五)中国传统文化,在长达两千多年的政教合一的政体下不断完善,并通过行政手段,有效地保证其宗教思想的贯彻执行,运用强大的综合国力,对世界文化做出了贡献。但中国传统文化之中,精华与糟粕并存,对其所具有的消极内容和消极作用,在改革开放的今天,仍应有清醒的认识,并认真加以剔除。

(六)儒教的宣传机构及传教方式十分完备,既有高度抽象思维的哲学思想,究天人之际,极高明而道中庸,也为一般信奉者提供通俗的宣传形式,如宝卷、劝善文,结合民间文艺、通俗故事,宣讲忠孝节义的人物,吸收了佛教因果报应学说。连穷乡僻壤不识字的人,也用竹篓收拣写过字的废纸。上写着"敬惜字纸",把经书上的文字,看作具有神圣性。

(七)天坛祭天,先农坛祈祷丰收,关心农业是从天子到地方官员共同关心的宗教仪式。天旱不雨,地方官祈雨,是神事也是民事,这也是儒教政教合一的表现。

(八)儒教的发生、发展,为了研究的方便,虽可分为前儒教时期、准儒教时期及儒教时期,却有一条线索贯穿始终:它是中国这块土地上的文化结构,是连续不断地发展起来的。研究儒教,也是研究它的宗教仪式,儒教称之为"礼"。不注意儒教中关于礼的宗教性、神秘性,是无法了解礼的实质的。学术界多强调儒教对天命鬼神存疑的一面,而忽略儒教对天命鬼神崇敬的一面。朱熹对天命鬼神的虔信程度,绝不亚于佛教徒对"佛"的虔信。

只有深入研究儒教,才可从全局把握中国传统文化要义,触类旁通地说明古代政治、经济、军事、法律、哲学、艺术以及科学领域的根本思想。这是中国传统文化的主线索,它具有全局性的战略意义,是认识中国国情的基础。以此为契机,对进而认识儒教文化圈的其他相邻国家的国情也有重要意义。

中国的国教①

儒教在南北朝时与佛、道二教并称为三教。这三教都具有辅助王化、整齐民心的社会功能,都受到政府的重视和支持。

儒教的名称是后起的。孔子为儒家的创始人,属诸子中的一个流派。春秋以前中国已有自己的传统宗教,已有这种宗教信仰,尚未有固定的名称。

中华民族自从开始在黄河、长江流域活动之日起,就产生了自己的宗教。这种宗教以部落神、氏族英雄人物为崇拜对象。相传黄帝是发明舟车、宫室、衣服等器物制造的神,还创制了文字。炎帝、神农发明种植、医药,伏羲发明家畜驯化,燧人发明用火,他们是人,也是神。中国古代民族信仰,往往是氏族领袖,死后为神,受到本族祀奉,带有氏族、宗族的印记,带有乡土气息,与西欧古代神话传说不大相同。

中国古代的祭祀对象,祖先祭祀与天帝信奉相伴相随,纠结在一起。随着地上王国的组织形式日趋完备,上帝的轮廓、形象如影随形,也日趋完整。祭祖先,敬天神,二者紧密纠结胶固,凝为一体,构成中华民族传统信仰的核心。归纳为"敬天、法祖"。

---

① 据《竹影集》,新世界出版社,2002 年版。原为《中国儒教史》序。原载《中国哲学史》1997 年第 4 期,收入《儒教问题争论集》《任继愈宗教论集》(中国社会科学出版社,2010 年版)。

中华民族活动生息的基本地区以长江、黄河流域为基地。由于内外地势的变化，有时向外辐射的远一些，有时向内收缩一些，但总的范围不出长江、黄河两大流域。这是中华民族五千年来生存、栖息的地区。

秦汉以后，以长江、黄河流域两大地区为中心，组成了多民族统一的中央集权大国，这种大国统一的格局保持了两千多年，直到今天。由于社会的变革，文化的发展，国内外的经济文化交流，这个多民族的统一大国在政体、组织形式、领导集团有过多次改变。秦汉统一后，多民族共同组建的统一大国，并不是一帆风顺的。几千年间，它遭受到内忧外患，政权经过多次更迭，社会经经过无数动荡，民族之间融会协调为基调，也有过暂时的战争。总之，秦汉以后的中国两千年的经历极不平凡。因为，人民已习惯于在中央高度统一的政权下生活。因为统一大国可以给人民带来实际利益，比如说，在国家有效统一下，消灭了内战，太平盛世，老百姓百年不见兵戎，可以安居乐业地过日子。只有国家失去有效管制时，才发生战乱，生命财产无保障，甚至发生人相食的惨剧。国家发生大水灾等自然灾害是难免的，统一大国，可以借国家的力量调剂各地丰歉，从而避免人民流离失所。国家统一，可以调动全国人力抵御外来侵略势力；国家统一，集中全国人力、物力兴建大规模的物质建设及文化建设，如修长城，开运河，整治大河河道，进行重大项目的文化建设，修纂大的文化典籍，如《永乐大典》《四库全书》，远非一人一地的人才所胜任，要集中全国人才，协同攻关，才能产生第一流的成果。

同时还要看到，古代中国是个自然经济结构的小农经济，一家一户为生产单位，生产的产品除了供全家消费，所余无几。正是借助统一大国的高度集中，把分散、零星的少量财富集中起来，聚沙成塔，集腋成裘,充分发挥大国的综合国力,才能办成几件大事。历史上大国统一,给人民带来了某些不便,但几千年的实践表明,广大人民对统一大国的格局是拥护的,支持的,并在思想观念上取得共识,广大人民一直认为统一大国是正常的,分裂、割据是不正常的。即使在某一阶段处在南北分裂时期,割据者也认为应当统一,要求结束不统一的局面。

在这样一种总的政治形势下,中国的哲学、文学、史学及宗教,都在各自的思想领域发挥了它们的上层建筑的作用。

从秦汉到鸦片战争,中国历代王朝都努力加强有效的大一统的政治管理,努力建立完善、合理的社会秩序。他们除了调动政治、法律的强力的工具外,还要调动思想、文化的教化作用,配合政治,法律的不足。也就是说,法治与教化两者相辅相成。

儒教是在中国这块土地上生存了几千年的土生土长的宗教。在秦汉以前,已经提出"敬天、法祖"的信仰核心。秦汉以后,国家形势日趋完备,地上王国的神光曲折地反射到天上,天帝的形象也日趋完备。天神除了司祸福、赏罚,还要主管人们的内心活动、行为动机。佛教、道教、儒教都从不同的角度,为这个大一统的封建王朝制度的合法化、合理化构建理论体系。

中国人民接受、支持、维护这个大一统的国家制度。佛、道、儒三教不但没有提出过异议,而且论证其合理性。国法中体现天理。忠孝是出自人类天性。不忠、不孝,不但不能成佛、成仙、成圣贤,甚至也不足以为人类。

儒教在古代曾有过功劳,因为它为巩固大一统的封建王朝起过积极作用。古代封建大一统的成就已经证明是符合中国历史法治的实际需要的,为这个制度服务的儒教的功绩不可不给予足够的肯定。

中国传统宗教的核心信仰是"敬天、法祖"，秦汉以后的中国传统宗教核心信仰是"忠孝"三纲。忠孝、三纲的信仰与"敬天、法祖"的古代信仰一脉相承，只是把敬天法祖的宗教内容使之完善化，更能适应大一统国家的生存要求。

先秦敬天法祖的信仰，与当时中央政权的统治不够集中，中央统摄力还不够强大的政治形势相配合。秦汉以后，地上王国势力强大了，上帝的统摄范围也扩大了，不但山川、日月，连人们的内心活动、一念善恶也要受宗教思想的管束。

秦汉以来，由皇帝直接管理天下的郡县，参与管理的有丞相、三公。但皇帝经常受到大臣、权臣的干扰，甚至发生宫廷政变，皇权有时遭到篡夺。为了加强中央集权，巩固社会秩序，宋朝以后，加强了儒教的教化作用，宋以后，再也没有权臣，没有篡臣。儒教以教化力量巩固了中央集权的稳定性。曹操在唐以前有能臣的形象，宋以后，曹操成为奸臣；扬雄在唐以前在文化思想界有较好的声望，宋以后，由于扬雄做过王莽的官，声望下降。特别是明清两代，以科举取士，官方用考试制度强力推行儒教思想，以宋儒程朱思想体系作为取士的准绳，等于用行政命令强化普及儒教信仰。科举考试是明清两代读书人仕进的必由之路，凡是走这条路的士人都要系统地接受儒教思想的培训，这对儒教的普及起了有力的作用。

中国的儒教还有另外的特点，是高度的政教合一，政教不分，政教一体化。皇帝兼任教主，或称教主兼皇帝。神权、政权融为一体。儒教的教义得以政府政令的方式下达。朝廷的"圣谕广训"是圣旨，等同于教皇的敕书。中世纪欧洲的国王即位，要教皇加冕，才算合乎天意。中国的皇帝即位，只要自己向天下发布诏书就行了。诏书开首必以"奉天承运，皇帝诏曰"。开始，皇帝的诏书同时具有教皇敕令的权威。

儒教是中华民族特有的传统宗教,凡是生活在中国这块古老土地上的各民族,包括汉族以外的少数民族,如北方的辽、金、元,西夏及清,都以儒教为国教,孔子被奉为教主(这是孔子生前没有料到的,正如老子被道教奉为教主没有被老子料到一样)。

儒、佛、道三教同为古代传统宗教。唯有儒教利用政教高度结合的优势得以成为国教,儒教的神权与皇权融为一体,不可分割。一旦皇帝被打倒,皇权被废除,儒教也随着一同衰落。行政命令打不倒宗教,早为历史所证明。但政权是可以更迭的,皇帝是可以打倒的。儒教与皇权融为一体,所以才随着皇权的废除而不再行时。反过来看看佛、道二教,当初没有儒教那么显赫,儒教消亡后,佛、道还能继续存在。可见,宗教存在有其长期性。儒教中"敬天法祖"的宗教核心部分,今天还在中国人思想中有影响,而"三纲"思想今天存在的地盘大大缩小,消失殆尽。

按儒教发展进程,大致可以分作以下几个阶段:

(1)前儒教时期——秦汉以前;

(2)准儒教时期——两汉;

(3)三教并立时期——魏晋、隋唐;

(4)儒教形成时期——北宋(张、程);

(5)儒教完成时期——南宋(朱熹);

(6)儒教凝固时期——明清。

我很高兴地看过李申同志写成的《中国儒教史》(上)的手稿,觉得李申这部书稿为研究中国文化史、思想史、哲学史打开了一堵墙。这堵墙,堵住了我们的视野。

我们正面临开放的新时代,中华民族正满怀信心地走向世界,我们有吸收外来文化充实自己的优良传统;又有故步自封的保守习惯。有应当保护的民族文化瑰宝,又有黏附在瑰宝上的污垢。创建社会主义新文化大厦,先要清理好我们古老的地基。这时一切外来文化先后涌来,我们长期封闭,一旦接触到五光十色的外来文化,深感应接不暇。对中国自己的古老文化,也要用马克思主义历史唯物主义重新评估。我们学术界对中国传统文化进行了大量研究,成绩卓著。唯独对影响中华民族的伦理观、价值观、社会生活、文化生活以及家庭生活的突击,没有给予应有的注意,以致有许多本来可以找到说明的道理,交臂失之。不研究儒教,就无法正确认识中国的古代社会。经过多年的思考,我相信不是危言耸听。

李申同志好学深思,研究儒教有年。他这部书稿的出版,必将为中国宗教史的研究开创一个新境界,给研究中国文化史提供了一条新思路。

思想体系是一个民族全部物质生活、文化生活的一面镜子。儒教是中华民族土生土长的宗教,道教也是中国土生土长的宗教,但道教没有成为国教。道教影响也很深远,在文化思想领域内,即使在它极盛的时期,势力还不及佛教,更不能与宋明以后占绝对统治地位的儒教相比。只有承认儒教的存在这个事实,进而充分研究儒教的许多分支部门,才能有效地为建设具有中国特色的社会主义新文化增添一些建筑材料。

李申同志的这部著作只能算作关于儒教探索的第一步。刚刚开始,难免有开辟新领域经常遇到的困难和不周到的地方。等到引起更多学者关注以后,必将有丰硕的成果奉献给学术界。抛砖引玉,我们在期待着。

"'儒家德治思想与现代社会'国际学术研讨会"开幕式致辞[①]

各位代表、各位嘉宾：

首先，请允许我代表中国哲学史学会向大家表示热烈的欢迎和衷心的感谢！感谢大家对这次会议的大力支持！同时，我也对会议筹备组出色的工作，表示衷心的感谢！

我们这次会议的主题是"儒家德治思想与现代社会"，应该说这是一个老题目，一个大题目，还是一个新题目。说它是个"老题目"，意思是"说来话长"。儒家创始人孔夫子早在两千五百年前就明确提出德治思想，他说："为政以德，譬如北辰，居其所而众星共之。"（《论语·为政》）又说："道之以政，齐之以刑，民免而无耻；道之以德，齐之以礼，有耻且格。"（同上）以后历代儒家大师都继承孔子的德治思想，大力倡导，大力阐发，成为儒家名副其实的传统观念。德治讲了两千多年，当然是个老话题。我说它是个"老话题"，丝毫没有贬义。儒家讲了这么多年，确实是有道理存在。它表达了一条重要的政治学原理：离开德治，只靠强制手段，不可能治理好国家。大量的史实早已验证了这条原理的正确性。

---

① "'儒家德治思想与现代社会'国际学术研讨会"2002 年 10 月 24—26 日在四川都江堰市召开。

说它是一个"大题目",意思是"意义重大"。儒家德治思想是作为一项治国方略提出来的,关系到国家长治久安、稳定发展之大计,当然意义重大。我们研究儒家的德治思想,可以说是古为今用,也就是继承和发扬先人的经验和智慧,弘扬优秀的传统文化,治理好我们的国家。江泽民同志多次提出"以德治国"的问题,足以表明它的重要性。

说它是一个"新题目",意思是"常讲常新"。德治思想虽说是儒家提出的老话题,可是我们站在现代的角度来讲,还是可以讲出许多新意来,还是大有文章可作的。以前由于受"左"的思想的干扰,我们一提到儒家的德治思想,往往是只有批判,没有继承。常说的一句话是"软刀子杀人不见血"。人们常常把反动统治者利用德治口号作为政治手腕欺骗老百姓,同儒家的德治思想本身混为一谈,并且归咎于儒家,这是不正确的。庸医用药不当,把人治死了,受到谴责的应当是庸医,而不应当是发明药的人。我们今天重新研究德治思想,首先应当清理以往的偏见,正视它的现代价值。我们今天研究儒家的德治思想,势必涉及许多新的理论问题,比如,在社会主义条件下,如何处理"以德治国"与"依法治国"的关系?我们讲以德治国的"德"是怎样一种德?怎样才能把以德治国落到实处?各位代表和嘉宾都是"好学深思之士",相信大家能提出真知灼见来。

最后,预祝大会圆满成功!

《中国儒教论》序^①

儒教是不是宗教,中国有没有宗教,在我国古代本来不成为问题。这是从辛亥革命到"五四"前后,重新提出的一个新问题。学术问题之所以引起争论,总是由于发现了新材料(文献的、考古的)引起大家的兴趣。唯独儒教引发的这场争论,并没有发现新材料,双方的根据都引用"四书",同样的根据引出不同的结论。这一特异现象,值得引起我们的注意。《韩非子》中说,两人互争年龄谁大的寓言,一个自称与尧同年,另一个说他与尧之兄同年。双方相持不下,又举不出新的证据,只有"后息者胜"。这不是学术争论所应当采用的办法。

关于儒教的争论,既然不能从儒教本身的解释去争是非,那就不妨暂时离开"四书"(《大学》《中庸》《论语》《孟子》),试从更广泛的范围,如社会学、经济学、宗教学、人类学多方考察,把它放在更广阔的视野里来观察,可能对问题解决有所裨益。

儒教,这个具有中国古代特色的国教,源远流长。儒教的宗教信仰核心为"敬天法祖",当它处在原始宗教形态时,已蕴涵着它后来的基本雏形,祭天、祭祖,同等重要。随着国家形态的逐渐完善、成熟,它的"敬天法祖"这个核心未变,不断增添政治内容。古老文化五千年后半的两千五百年间,国家的形式与宗教形式结合得更紧。把"敬

---

① 据《皓首学术随笔》。曾以《把儒教放在更广阔的视野里来考察》发表于《云梦学刊》第26卷(2005年)第2期。收入《任继愈宗教论集》。

天法祖"的中心信仰凝练为忠孝两大精神支柱。春秋战国开始酝酿如何建立一个包括黄河、长江流域广大地区的统一国家。当时出现了百家争鸣的局面,诸子百家都提出了如何"治天下"的问题。各家各派方案不同,但共同关心的是建立一个多民族的长治久安的体制。秦汉统一,奠定了中国两千多年从古到今的基本模式,建成了"多民族的统一大国"。秦汉以来,历代的国土管辖范围以长江、黄河两大流域为基地,有时向外扩张一些,有时向内收缩一些。向外扩张时,南到广东以南的交趾,北到辽河流域的部分;缩小时,又回到长江、黄河流域中原本部。大致说来,这块土地,大约略小于欧洲大陆。在这样一块广土众民的国土上,栖息繁衍着不同民族的群体。环顾世界上几个文明古国,它们都给人类创造了精神财富和物质财富,做出了贡献,但这些文明古国有古而无今,没有持续发展下来,有的衰落了,有的沦为殖民地。只有中华文化,古而不老,历久弥新,儒教曾有力地帮助生养繁衍的人民走过曲折道路,克服种种困难,不断发展壮大起来。

在封建专制且多民族的国家,忠孝既是思想保证,又是组织保证。政治信奉原则为忠,家庭信奉原则为孝。具有中国特色的封建社会,是在宗法制下的统一信仰,即忠孝。忠是对一国的最高统治者的服从原则,孝是对一家一户小农经济社会的最高原则,家庭成员对家长要绝对服从。忠孝又是儒教在古代中国团结教育全国各族人民的实践教材。

几千年来,忠孝原则对社会成员起着稳定平衡作用。古代一家一户的小生产方式,效率低下,借助政府的集中统一调配才能使少量剩余产品发挥出最大效益。精神文明建设,如修纂大型丛书、工具书等;物质文明建设,如修长城、开运河、兴修跨省区水利、抗拒外来侵略、赈济农业自然灾害,都是充分利用多民族统一集权制度,调动全国各族人民共同努力才得以完成的。这是忠孝信仰起着极大的鼓舞作用。

在忠孝教化下,儒教利用政教合一的便利优势,形成团结人民、融合民族团结的纽带。儒教以外,道教、佛教,以及公元 7 世纪传入中国的伊斯兰教,各以自己的宗教教义与儒教密切配合,共同起着辅助王化的作用。明代中叶以后,西方基督教有几次传入,都由于没有与儒教"敬天法祖"的忠孝信仰配合,虽然多次传入,都未能立足。到 1840 年以后,靠大炮保护,才在中国生存下来。当年外来佛教传入,也曾与中国的"敬天法祖"、忠孝观念抵牾而遭到抵制。它及时对儒教做出妥协,修正了原来的教义,佛教徒可以敬君王、拜父母,遂与道教有同样的传播机会,在中土得以立足。

忠孝两者的地位曾随着中国社会的发展,政治形势的变化而有所变化。封建社会前期,孝的地位重于忠;封建社会后期,儒教发展更加成熟,中央政府地位逐渐提高,忠的地位又重于孝。遇到忠孝二者必选其一的情况,移孝作忠被认为是合理的选择,受到鼓励。君主代表国家又代表上帝,故称天子。忠君、爱国融为一体。

《礼记》"斋三日乃见其所为斋者",《论语》"慎终追远,民德归厚矣",为宗教理论构建神学依据,形成宗教心理,培养宗教感情。一家的孝道与国家治道有机地联系起来。宋儒张载著《西铭》,首先提出天地万物为一体,天地是人类的父母,人人都是天地的子女,所有百姓万民都应看作同胞兄弟。君主是天地的长子,大臣是长子的管家人。《西铭》继承了《孝经》,发挥了"天之经,地之义,民之行"为孝的最高原则,孝既是宇宙的原则,又是行为原则,事君不忠,战阵不勇,都不合于孝道。君主的集权与家长的专制(中央集权政体与小农经济的社会结构)统一起来,君权与神权合一,宗教与政治合一,从而完成了封建社会的宗教神学体系。北宋的二程把张载的《西铭》与《孟子》放在同等重要的地位,给予高度赞扬,是不难理解的。

中国这个多民族统一的国家,区分民族的标志创造了独特的标准。《论语》"夷狄之有君,不如诸夏之亡也",从孔子开始,把文化标志看作民族标志。凡承认君臣从属关系的族群就是华夏,不遵守君臣从属关系的就是夷狄。韩愈进一步阐明说,"子焉而不父其父,臣焉而不君其君,民焉而不事其事,孔子之作《春秋》也,诸侯用夷礼则夷之,夷而进于中国则中国之"。《原道》孔子曾说过"道不行,乘桴浮于海",中国如违背华夏华统文化,就宁可离开中国,到海外(夷狄那边)去。"三纲"(君臣、父子、夫妇)是中国的标志。违背"三纲"就是夷狄。区别民族,不在血统而在文统。中国隋唐皇室都杂有北方少数民族的血统,但中国人民都没把隋唐皇帝看作非汉族。也有几代王朝确实不属于汉族,如与北宋对峙的辽,与南宋对峙的金,处在西北地区与宋、辽、金对峙的西夏王朝,及后来的元、清朝都是少数民族。但这些非汉族的统治者由于完全接受了儒教文化传统,这些少数民族的皇帝及贵族都接受儒教,尊孔子为圣人。政权尽管更迭,并没有影响儒教的法统。儒教充分利用它的政教合一的特权优势,以行政手段贯彻其忠孝原则。协助推行儒教的教义,下层得到广大个体农民的支持,上层以强有力的中央集权为靠山,把一个多民族的大国,统治得有条不紊,建立了长期稳固的社会秩序,制定了行之有效的文官考试制度(科举),有效地培养了从中央到地方各级儒教教职人员和官吏。以儒教的"四书""五经"为全民教材,在全国推行。规定考试科目必须出于经书,答案必须遵循儒家朱子注解。儒教扩大其影响,得力于政教合一;儒教逐渐僵化,失去生命力,儒教后期教忠教孝流于形式。历代改朝换代,如宋、明亡国时,朝廷有殉国的忠臣,在野有殉国的遗民,也有浪迹江湖、甘心与草木同腐、"不食周粟"、不与新王朝合作的遗民。辛亥革命以后,清朝亡国,既没有殉国的忠臣,也没有殉国的遗民。可见儒教核心精神支柱"忠、孝"轴心已徒具空壳。只有王国维投水自杀,"自称一辱不可再辱",那已是清朝亡国多年以后的举动,说不上殉国。

儒教享有君主制下独占的特权,神权皇权高度统一。一旦皇权被取消,君主制不复存在,儒教也随着皇权的消亡而消亡。儒教信奉的"天地君亲师",失去原有的地位。君亲师是封建宗法制度的核心,"四书""五经""十三经"是儒教遵奉的经典,祭天、祭孔、祭祖是封建社会君主制下的从上到下,按等级制度的一套祭祀仪式。儿童入学,对孔子牌位行跪拜礼,中央到地方按行政区划建立的文庙,是儒教徒定期聚会的场所。儒教用科举培养接班人,把俗人变成僧侣。神不超越人间,神就活动在人间。

今天五十岁以上的人们,对20世纪60年代的造神运动记忆犹新,当时社会上掀起一股如醉如狂的造神运动。这种神,不来源于佛教也不来源于道教,而是儒教回光返照。

时代变了,社会组织变了,下层小农经济的自然经济,随着土地公有而解体。政府为起自下层的劳动人民代表,君主、天子再也没有存在的基础,也就是说,儒教赖以存在的条件已不复存在,儒教已失去政治支持。宗教虽不能用行政命令消灭,但政权却是可以用武力推翻的。两千年来儒教与政权结合得太紧密,紧密到彼此不分的程度,君主制垮台,儒教随之消亡乃势所必然。佛、道、伊斯兰等宗教当年没有享有儒教那样特权的风光,君主制倒台后,佛、道诸教所受到的影响也没有儒教那样严重。

我们指出儒教的消亡,只是指当前的中国本土来说的,在世界各地的儒教照常活动。这是由于世界各地的社会条件与中国不同,儒教在海外不同的国家和地区,生存和活动情况各异,另当别论。

儒教对中国历史文化发展产生深远的影响,直到今天,人们思想深处,仍有这样那样的影响,值得今天认真总结。它留给人们的精神财富,要批判地吸收,那些不适应现代,甚至妨碍现代化的过时的历史沉渣,也要认真清理。

《中国儒教论》这部书,和作者的《中国儒教史》正是成为甲乙篇。《中国儒教史》从历史发展过程叙述、说明儒教兴衰的过程;《中国儒教论》则以问题为中心,对儒教性质、理论价值、社会作用、思维方式各方面进行了横剖面的展示。

由于儒教在中国文化史上的地位和影响,远远超过中国其他诸教,如有机会,希望作者再写一部《中国儒教现象学》。从文化、社会切近生活及今天仍在活动的儒教诸因素,展开剖析,当可发现更多深层次的东西。

中国封建社会忠孝规范的历史贡献①

　　中国文化是东亚文化不可分割的主要部分。世界几个文明古国,多分布在欧洲、南亚、西亚、北非;在东亚的,只有中国一家。

　　中国又是从古到今五千年绵延不断,持续发展的仅存的一家。其余的几个古国都为人类创造过光辉的精神财富,可惜有古而无今,没有延续发展下来。中国文化,古而不老,历久弥新。分析解剖一下中国文化,对认识21世纪的东亚文化,对认识世界文化不无借鉴价值。

　　文化必须依附一定民族、地区、国家,不属于任何地区、民族的文化,是不存在的。

　　哺育中国文化的大环境,以长江、黄河两大流域作为中心舞台。五千年来,中国文化就生活栖息于这块土地上。中国处在亚洲东部的北温带,西方、北方为高山大漠所阻隔,东面、南面濒海;土地辽阔,自然条件中等,不算得天独厚,不努力,不足以温饱。这一地区,部族群落众多,不自强则无以自存。勤劳勇敢的品格,是在大的环境中磨炼出来的。

　　几千年来,直到辛亥革命以前,忠和孝一直是中国封建文化的两大精神支柱。多民族封建集权的格局下,忠孝既是哲学、伦理准则,又是宗教信仰准则。多民族封建集权的政治体制下,忠孝既是思想

---

　　①　原载《中国社会科学院院报》2004年1月29日第3版。《北京日报》2004年2月23日转载为《对忠孝传统应给予新评价》。

保证,又是组织保证:政治组织为忠,家庭组织为孝。中国特色的封建社会的特点是宗族宗法制下的统一信仰:忠是对一国的最高统治者的服从原则,孝是一家一户小农经济下对家长绝对权力的服从原则。忠孝又是古代中国团结、教育全国各族人民的实践教材。

忠孝原则几千年来,对社会成员起着稳定、平衡作用。封建社会本是人类社会发展的必经阶段,但各地区的社会发展极不平衡,又各具特色。如西方奴隶制及资本主义发展得比较充分而典型,中国的资本主义社会发展得不够充分,不够典型,中国封建社会发展得比较充分而典型。一家一户的小农业生产,生产效率低下,少量的剩余产品,借助于集权政府,统一调配,集中使用,聚少成多,也能发挥出最大的效益。中国历史上重大的文化建设、物质建设都是充分利用分散的一家一户的赋税办成的。精神文明建设如修纂大型丛书、工具书等,物质文明建设如修建长城、开凿运河、兴修跨省区水利、抗拒外来侵略,赈济农业自然灾害,都是充分利用多民族封建集权领导下调动遍布全国千千万万百姓的力量,才得以完成的。其中忠孝信仰起着极大的作用。

《礼记》为宗法主义提供了宗教理论依据,使人服从宗法制度的统治。佛教、基督教、伊斯兰教都起源于封建社会。神学理论为统一政治服务。

"孝子之志"从感情上把死人当作活人看待,形成宗教心理,培养宗教信仰感情。"斋三日,思其居处,思其意志,思其所乐,思其所嗜。斋三日乃见其所为斋者"。"君子三日斋,必见其所祭者"。

"慎终追远,民德归厚矣"。一家的孝道与国家的治道有机地联系起来。"王者父天、母地,为天之子也"。"天子之位,受之于天,不受之于人"。这里忠与孝已交织在一起了。

君权至高无上,父命与王命不一致时,要弃父命而从王命。

张载认为,人与天地万物同出一元,人的本性也就是天地万物的本性;对"孝"的神学解释是:"乾称父,坤称母"。天地是人的父母。人都是天地的子女,所有百姓万民都应看作兄弟,万物应看作朋友。君主是天地的长子,大臣是长子的管家人。

《西铭》继承了《孝经》,认为孝是"天之经,地之义,民之行"。孝的原则被说成宇宙的最高原则。反之,一切违反孝的行为都是不忠的。于是忠君成为孝的必要的内容,把中央集权的君主专制与家长为核心的小农经济社会有机地统一起来。君权神权合一,宗教与政治合一,从而完成封建社会宗教神学体系。宋朝二程把张载的《西铭》这篇文章与《孟子》置于同等的地位,予以高度赞扬,是可以理解的。

中国持续五千年发展,有很多因素。其中,多民族的封建集权制度应当是一个重要因素。多民族共同参与国家的建设,集中群体智慧,占有长江黄河广大地区,为它提供了表演的舞台。其所以能维持一个广土众民的政治实体,必有根本的物质保障、思想保障。这些条件是其他文明古国所不具备的,比如共同使用的交流文字(汉字),共同信奉的宗教体系(儒教),这在古代尤为必要。共同接受的封建专制政体,各民族互利的经济联系(国家内部物质交流,茶、盐、铁等),共同维护的江河水利体系,共同维护国家安全保障(外御侵略、内防内乱)等等,在众多条件中,儒教起着不可取代的特殊作用,儒教的忠孝原则确曾发挥过重要的作用。

在忠孝教化下,把众多民族团结起来,形成文化共识,结成民族文化团结的精神纽带。此外,佛教、道教以及7世纪传入的伊斯兰教,各有自己的宗教教义,但这些宗教都接受了儒教的忠孝观念,与儒教密切配合,起着辅助王化的作用。明代中期以后,西方基督教有几次传入,都是由于没有与儒教配合,拒绝忠孝信仰,多次传入都难立足;1840 年以后,靠大炮保护,才在中国存在下来。佛教传入,也遇到与儒教的敬天法祖的忠孝观念发生矛盾。佛教及时向儒教妥协,致敬君主,拜父母,遂得以立足,并得到与儒教同等传播的机会。

忠孝原则贯彻中国传统文化几千年的全过程。这两者的地位却随着中国封建社会的发展变化有所变化。封建社会前期,孝的地位重于忠,比如汉代皇帝的谥号都有一"孝"字,如"孝文""孝武""孝景"等。赵宋以降直到明清,不断加强中央政府权力,忠的地位逐渐高于孝。当国家需要臣子在忠孝两者选取其一时,"移孝作忠"被认为合理,并得到鼓励。国君代表国家,君主即国家。国君既代表君,又代表上帝,故称"天子",忠君与爱国混而为一。

由于几千年来,在多民族的封建集权国家统治下,使小农经济(自然经济)社会组织发挥了封建社会可能取得的最大效益,从而个人的自由、权利被忽视。中国封建社会长期稳定性曾起着安定社会秩序的作用,同时也限制了人民个人应享的权利。由中世纪走向近现代化,中国遇到前所未有阻力,从意识形态到社会风俗,没有个人的地位。中国进入民主、自由、现代化的道路,比西方资本主义社会艰难得多,因为中国古代缺少民主传统。忠孝传统曾为古代中国社会立过大功,今天遇到新问题,对忠孝要根据新社会新形势,给予新评价。应从中汲取有益于建立爱国主义的积极部分,同时还要剔除其封建性和不利发挥人性自由、平等的糟粕。比如中国的计划人口生育,一对子女同时照顾四位老人(男方与女方的父母),过去行之有效的尽孝的规定,事实上难以实行,子女尽孝道与养老的社会化这样的新课题,已提到日程。不再为国君个人效忠,而提倡忠于国家、忠于民族的精神如何发扬,也成为当前面临的新课题。

继承传统文化精华,迎接文化建设新高潮

——在"儒学、儒教与宗教学学术研讨会"上的讲话

今天我们开儒学与儒教问题讨论会,和儒教相比,儒学的名称要早一些。讲到儒这个名称,一般人都会把它和孔子联系起来。但是儒家或者儒教这一套学问,却不是孔子发明的。中国有五千年的文明史,孔子到现代不过两千多年。孔子的学问,继承了此前两千多年的文化成果。不是有了孔子,有了儒学、儒家或儒教的名称,这套学问才存在;而是儒学继承了以前的优秀文化成果,包括神话传说时代的文化成果,以后又不断丰富、发展。所以儒学或儒教有个发展过程,代表了五千年的文化成果。

中国古代神话与西方不同。在西方的神话中,人类创造的文明成果都被说成是外来的,是从另一个世界来的。比如用火,西方神话说是普罗米修斯从天上偷下来的,造福人类。中国神话也讲用火的起源,但说的是燧人氏发明的,不是从天上偷来的。这是一个例子吧。这个例子说明,中国古代在没有文字以前,在神话传说时代,已经把能源的发明说成是由人类自己的双手发明的,说成是从实践中得来。实践出真知,中国上古的人们已经开始懂得这个道理。

在没有文字以前,神话传说中的人物,也都带有人类实践活动的痕迹。伏羲氏、燧人氏、有巢氏、神农氏,都不是人名。那时候的人们

85

没有名字,不知道姓什么叫什么,就把他们对人类的贡献作为名字。伏羲是游牧时代的英雄,教人们训养家畜;燧人氏发明用火;有巢氏教人们建造房屋;神农氏是农业的发明者,教人们定期种植、收获。

这些例子说明,中国古代神话已经带有很多的人类社会实践的内容,说明中国文明一开始就从实际出发。从人类认识的起源来说,的确是从实践开始的。中国文化的这个传统,一直延续下来。

从实践出发的中国传统文化,一个基本的、核心的观念,就是敬天法祖。这里效法的祖先,既是人,又是神。要敬的天,既是神,也是祖。祖先,也是重大文明成果的发明者。因为有创造发明,后人纪念他们,把他们尊奉为神。也就是说,中国文化从原始宗教开始,就有了一个重实践、从实际出发的传统。这个传统一直传到今天,是中国文化的核心精神。

敬天法祖延续下来,表现于道德观念,就是"忠""孝"。"忠""孝"是儒家或儒教道德观念的核心。今后人民不必为皇帝个人及政权效忠,但对国家对中华民族还是要尽忠。古代农业生产的小农经济社会的"孝,晨昏定省","父母在不远游","不孝有三无后为大",现在社会结构与古代不同,但对父母的爱护、关怀还是必需的。对"孝"要充实以新的内容。

中华民族的发展,是从多民族共存的涣散状态向多民族统一的国家迈进的过程。春秋战国时代的百家争鸣,各家说法不同,但目的都是要建立一个统一的、和谐的国家,包括各个民族在内。秦汉统一,实现了这个理想。以后虽然也有分有合,但向往统一,并且最终实现了统一,是中国古人数千年来的共识。

统一是个长期的过程,其中以孔子为代表的儒家起了积极的、核心的作用。这一点是谁也无法否认的。道家的影响也很强,但比起儒家还是要差一点。在中国文化的进程中,道家的贡献仅次于儒家。

到了辛亥革命,帝制被废除了,儒教的国教地位、唯一独尊地位也被消灭了。一般意义上的宗教信仰是不可以消灭,不可以通过人为的、政治权力的干预加以消灭的。但是某一种宗教,某一个教派,是可以消灭的;某一种宗教信仰也是可以改变的。唐僧取经时代,新疆一带都是信仰佛教的。但是从 10 世纪开始,也就是我国的宋代,新疆一带居民还是原来居民,就逐渐信仰了伊斯兰教,原来的佛教在当地就消灭了。印度一带原来信婆罗门教,后来出现了佛教。但是后来佛教在印度曾一度消失,伊斯兰教则发展起来,并且普及到巴基斯坦等非常广大的地区。

儒教也是这样。经过辛亥革命,儒教的教皇,也就是皇帝,被取消,儒教也就归于消灭。中国境内的其他宗教,比如佛教、道教等,也受到了革命的冲击,但不如儒教遭受的打击厉害,所以还保持着他们的存在。现在统战部管的几大宗教,就没有儒教,因为儒教的教团、教皇被废止了,被消灭了。

儒教没有了,但是它的思想影响还在,以儒教为核心的传统文化的影响还在。儒教典籍中保留了大量的宝贵文献资料,不仅属于儒教一家,也是中华文化的共同财富,如"十三经"等。我们要建设新文化,传统文化是重要的资源。继承传统文化优秀成果的历史责任要我们担当。改革开放以来,世界影响着我们,我们也影响着世界。对传统文化,需要认真研究。为了实现这一目标,弄清儒教是不是宗教还不是最重要的,虽然这也是继承传统文化优秀成果的一个方面。最重要的是要弄清哪些是精华,应该继承发扬;哪些已经过时,需要更正修改。这个工作,五四时代就在做,但只能算是开头。

随着经济建设的发展,这个文化高潮可能五十年以后才能出现,现在是过渡时期。我们对传统文化研究得愈透彻,对建设新文化就愈有利。"文革"时期我们走过弯路,搞什么评儒批法,走回头路,这是倒退。现在我们走上了正轨,前途一定是光明的,大家要努力。

纪念释迦牟尼涅槃二千五百周年①

　　中印两大民族的友谊是悠久的、深厚的、诚挚的。我们这两大民族的历史记载加，只有亲善和友好，从来没有战争的记录，这在世界文化史上是十分珍贵的现象。这两个古老而年青的民族中间隔着高山、荒漠和大海，可是高山、荒漠和大海并没有阻断两大民族之间的传统友谊。使这两大民族相互了解，彼此尊重的重要桥梁之一，就是伟大的释迦牟尼和他所创立的佛教。

　　关于释迦牟尼的生平和他的思想，中国人民是十分熟悉的。对他熟悉的程度就像我们熟悉自己的伟大思想家一样。释迦牟尼的教义曾翻成中国汉、藏等各种文字。仅以译成汉文的关于释迦牟尼的记载，收集在大藏经中的就不下几十种。最重要的有《普曜经》《佛所行赞》《太子瑞应本起经》《菩萨本起经》《慧业菩萨问大善权经》《十二游经》《佛本行经》等等。此外，散见于《阿含经》和律藏中的关于释迦牟尼生平活动的记载也很多，最详尽的有六十卷的《佛本行集经》。释迦牟尼经历了几十年的辛勤的传教生活，其影响是很巨大的。记载佛涅槃的著作，中译本现存重要的有《游行经》《佛般泥洹

---

　　① 原载《人民日报》1956 年 12 月 2 日第 7 版。

经》《大般涅槃经》《佛垂般涅槃略说教诫经》等。据记载,佛涅槃时的姿势是"右胁而卧",慈爱、安详地离开了人间。中国各省都有不少的卧佛造像和壁画,以"卧佛寺"命令的庙宇也几乎各地都有。可见中国人民对佛涅槃这件大事的重视态度和纪念的诚挚。

中国学者关于释迦牟尼的传记著作也很多。其中重要的、较早的有梁朝僧祐的《释迦谱》、隋朝费长房的《历代三宝记》、唐朝道宣的《释迦氏谱》、宋朝志磐的《佛祖统纪》。宋以后关于释迦牟尼传记的著作历代都有,这里不必细说。

在所有这些古代中、印的著作中,不免有些夸大,记载也有些分歧,但这些著作中都透露出了释迦牟尼的真实形象。从佛教的各种记载中,我们看出释迦牟尼怎样地舍弃了个人的王位,追求他的崇高理想。他痛斥那些专横的剥削者;他无情地攻击那些贪财、自私、伪善的宗教信奉者;他同情那些被践踏、被轻视的所谓下等阶级的奴隶、穷人、负债者、妇女和无依无靠的儿童。他在最基本教义里规定了反对暴力的战争。释迦牟尼以他一生艰苦卓绝的实践,履行了他的宣扬人人平等、爱好和平的信念。他所收纳的弟子中,固然不拒绝那些肯于抛弃富贵的贵族、富商;但是他也收纳了当时最"低贱"的首陀族优婆离;他也收纳了当时被排太于宗教门外的女子摩呵波暗波提。释迦牟尼和他创立的佛教,一开始就立下了宏大的誓愿:宣扬平等、反对等级压迫;爱好和平,反对残暴的战争。他之所以获得广大的,特别是下层人民的拥戴,被看作"救世真主",不是偶然的。

中国人民和印度人民一样,也是具有几千年的文化传统,也是一贯反对压迫、爱好和平的。在历史上为我们人民所喜爱、所拥护的文学家和哲学家,几乎没有一个不是反对暴力压迫,反对侵略战争的。

由于中印两大民族有这种基本共同的优良传统,所以中印文化的交流好像水乳相融，没有窒碍。只要我们略一回溯两大民族文化交往的历史，就会更加增强了我们两大民族今后继续合作的信心。

从汉代开始即有印度僧人迦叶竺摩腾、竺法兰介绍了《四十二章经》到中国来，此后历代都有大量的印度学者介绍印度学术到中国来，这些例子是举不完的。中国晋代的法显、唐代的玄奘、义净，还有许许多多为中国人民所敬重的求法者，为了介绍佛经，不惜犯风涛，涉重洋，历荒漠、经绝域，九死一生，孤行万里。他们在印度的学习和访问，曾给印度人民留下了良好深刻的印象。他们的著作中，象《佛国记》《大唐西域记》《南海寄归内法传》到今天仍然是研究印度 4 世纪到 7 世纪时期重要原始资料。这些事实都是全世界的科学工作者所熟悉的。

中印两大民族文化合作的珍贵记录，莫过于佛经的翻译工作。佛经翻译的工作，一方面促进了中印两大民族的了解，另一方面树立了国际学者通力合作、互相帮助的良好榜样。中国流行的佛教经典，很少不是通过中印两国的学者专家共同努力完成的。翻译时有"译主""笔受""证义""润文""正字"等分工。随着翻译的进行，同时展开讲解、讨论。他们认真讨论，反复钻研，最后定稿的严格制度，翻译与研究相结合的精神，直到今天还值得我们学习，其中的经验值得我们吸取。

中印文化的因缘，还有值得我们特别指出的，就是《大藏经》的刊印。远在 10 世纪末，宋太祖开宝年间，中国开始以雕版印行佛教以及佛教有关的丛书——《大藏经》。此后，经过元、明、清各朝都有所增补。现在《大藏经》和《续藏经》所收集的经典著作在三千六百部以上，共达一万五千六百余卷之多。个别的著作，没有收集的还不在内。在《大藏经》里面保存着今天在印度已经失传的许多佛教经典，也包括了中国学者对于佛教原理所做的创造性的阐释。这一部有历史意义的大丛书,本身就是千余年来,中印双方友好合作、文化交流的最忠实的证人。

随着释迦牟尼的思想和佛教的传播,曾使得中印两国古代文化更加丰富多彩了。中国古代的雕刻、音乐、文学、数学、医学各方面都留下了中印合作、文化交流的痕迹。这些也是一时说不完的。其中就以艺术、文学来说,南北朝以后的文学家经常不断地从佛教经典中吸取其有价值的东西。佛经中的故事在相当长时期内成为艺术家们绘画的题材。中国大艺术家顾恺之、吴道子都是以画佛经中动人的故事而为中国人民所喜爱的。佛教经典中的文学作品也曾经常常地感动了中国历代天才的文学家。佛教经典某些作品中所充满的那种浓烈奔放的情感和摆脱羁绊的幻想,曾在不同程度上开拓了中国文学家的眼界,丰富了创作的内容。

在哲学思想方面,释迦牟尼的学说曾在中国人民中间起过巨大的影响。不容否认,历代的反动统治阶级经常利用佛教作为满足他们自私目的的工具,这只是问题一方面:另一方面,中国思想界中曾有不少人士,结合佛教中宣扬平等、爱好和平的精神,向封建专制主义进行斗争。有些进步的哲学思想家经常利用佛教的反抗压迫的思想,向桎梏人性的封建伦理道德挑战,其中有些人,甚至触怒了当时的反动统治者,因而丧失了性命。像明代的李卓吾、清末的谭嗣同就是较为突出的代表人物。中国历史上,有时候在异族的暴力侵略下,有些爱国人士在佛教的掩护下保持住他们灵魂的纯洁。像这样的事实更是指不胜屈。

释迦牟尼和他的思想,在中国人民的心里是非常熟悉、非常亲切的。中国人民对他之所以感到熟悉、亲切,首先是由于释迦牟尼所宣扬的平等观念、和平思想不仅体现了印度人民的愿望,也符合于中国人民的优良传统。这两大民族的共有的优良传统,就是建立两大民族的道义之交的思想基础。

中印两大民族,曾共同经历了光辉的道路,近百年来又都遭受过敌人的侵略,今天又各自沿着自己的道路取得了独立、自由。我们两大民族历经沧桑,亲眼看到多少强暴者曾妄想以压迫代替平等,以屠杀代替和平,但是,他们已经失败了,并且还将继续失败下去。中印两大民族高举着平等、和平的大旗,屹立在天壤间,和全世界爱好和平的进步人民团结一致,成为亚洲乃至全世界的和平的重要力量。

今天我们纪念释迦牟尼涅槃两千五百周年,不但珍视我们两大民族的传统友谊,我们还要向着更广阔的前途迈进。中国优良文化的真正继承者——中国的工人阶级已经把这种优良传统的原有的基础上给以发扬光大。我们今天基本上消灭了几千年来对人民威胁最大的压迫和剥削制度,我们以六亿人民的力量在保卫和平。中华民族过去的优良传统已不再停留在思想阶段,它已成为六亿人民的政治路线。印度民族也在他的胜利的基础上向前迈进。中印两大民族倡议的"潘查希拉",已为全世界爱好和平的人民所公认。在今天人民胜利的情况下,展开经济、文化上更友好、更亲密、更巩固的合作,是我们当前的任务。希望我们两大民族的人民进一步为亚洲和世界的和平事业做出更好、更多的贡献。

漫话佛学①

　　我涉猎佛学已多年,对佛学所以发生兴趣,并非因为它有卷帙浩繁的经籍,烦琐细致的思辨,或者宗教神学的奥秘,而是因为它对我国社会曾经发生过深刻的影响。从魏晋到隋唐,是佛教在我国广泛传播的时期,它渗透到了人民生活的各个方面,影响着风俗习惯和文学艺术等各个领域。因此,不研究佛学,就将会在我国史学研究中造成一个很大的空白,特别是对魏晋以来中国哲学史的发展线索更将难以理得清楚。

　　佛教是在东汉时期开始传入我国的,据史书记载,东汉明帝永平十年(67),出现了最早的汉译本佛经《四十二章经》。在汉代,佛教被人们看作和传统的神仙方士一类的宗教迷信,并没有得到发展。到魏晋南北朝时期,经过统治者的全力提倡,佛教得以发展。当时门阀士族地主阶级,皇亲贵族和大臣都信奉佛教。梁武帝天监三年(504)曾经宣布佛教为国教。因此,佛教寺院大量兴建,僧侣数量激增,寺院经济的发展形成了特殊的僧侣地主阶层。不少僧尼出入宫廷,交结权贵,干预国家政治。僧侣贵族掌握寺院经济,与官府勾结一起,过着腐朽享乐的生活。僧侣地主与世俗地主一样靠土地剥削农民作为他们宗教团体的经济来源,并且模仿世俗地主的封建宗法

————————————
　　① 原载《书林》1979 年 1 期。

制度,建立起世代相传的僧侣世袭制度。从南北朝发展下来的佛教学术流派到隋唐时期形成一些强大的宗派,各宗派都有自己独特的宗教理论体系、轨范制度,有独立的寺院经济、势力范围,有自己的传法世系继承其学说和寺院财产。

自从魏晋南北朝以来,由于门阀士族及其知识分子信仰佛教,佛经翻译也兴旺起来,大批佛教经典译成汉文。当时传入中国的是印度兴起的后期佛教大乘空宗的"般若"学,它认为世界的本原是空无,客观物质世界是虚假的。这种理论很适合当时社会上占统治思想的玄学的口味,于是佛学很快玄学化,成为中国封建上层建筑的重要组成部分。到了隋唐时期,封建朝廷都大力提倡佛教,佛教也达到了它的全盛时期。佛经翻译的规模也更为宏大,随着中印佛教文化交流的发展,唐代出现了玄奘那样的译经大师。唐代的佛经翻译不仅规模大,而且翻译水平高,充分发挥汉译之长,开创了独具风格的佛教语言文学,对我国文学史发生了深刻影响。汉魏以后成书的佛教经籍《大藏经》,成为我国历代佛教翻译和著作的百科全书,至今已在印度失传的许多佛教重要经籍,却在我国的《大藏经》中完整地保存下来。《大藏经》作为宗教学说的思想武器,在世界文化史上也可以说是首屈一指的。

我国佛教宗派的形成和发展,完全证实了历史唯物主义关于上层建筑与经济基础的原理。佛教本是外来的宗教,当它一旦与我国社会历史的具体情况相结合,便发生深刻而广泛的影响,在我国土地上形成的佛教宗派都已经不是印度原来意义的佛教宗派了。例如魏晋南北朝形成的佛教宗派六家七宗,其中影响大的本无、心无、即色各宗,即是对玄学中的"贵无"和"玄冥""独化"思想的发展,它以大乘空宗《般若经》的形而上学思辨方法宣布世界为"假"、为"空",用空"形色"的办法消弭玄学内部的派别纷争,从而提高了玄学的思辨理论水平。建立在这样理论基础上的"涅槃""佛性"等因果报应学说,更易于麻痹人民群众,使他们认识现实世界为虚幻不实,而不去斤斤计较现实世界中的阶级压迫,把希望寄托在未来的"天国",寻求死后和来生的幸福。隋唐形成的佛教宗派,其中影响较大的有天台宗、法相宗、华严宗和禅宗等。天台宗宣传"三谛圆融""无情有性";法相宗宣传"唯识无境";华严宗宣传"理事无碍";禅宗宣传"放下屠刀,立地成佛"的"顿悟"说。所谓"三谛圆融",是说一切客观存在着的事物都是"空""假"的,这即是佛教的真理,即"中"。"无情有性"是说连没有生命的东西,如草木瓦石都有佛性,这样不仅扩大了佛教的宗教地盘,而且更加坚定了人能成佛的信念。所谓"唯识无境",是说客观世界一切事物不过是人的感觉经验的复合体,是把客观世界完全说成是主观世界的作用,从而由主观精神去吞并客观物质。所谓"理事无碍",是说"事虚而理实",客观事物是虚幻不实的,而抽象的"理"是永恒的,"事"是"理"的体现,"理事无碍"即是以"理"吞并"事",终于只剩下一个赤裸裸的抽象真空(理)世界。以上这些宗教唯心主义思想的政治作用是十分明显的,无非都是要以"色空"观点叫人安于现状,听从命运的安排,追求精神上的"解脱"。世界上没有比这种用改变观点、躲避现实斗争的方法更容易起麻痹作用了。这里值得着重提的是禅宗的兴起,中唐以后禅宗蔚为显学,几乎代替了其他宗派,垄断了佛教,甚至禅学和佛学成了同义词。禅宗的"顿悟"方法是对佛教修养方法进行一场重大改革,他们不主张累世修行,不要大量布施,不要许多麻烦的宗教仪式,不要背诵那些浩如烟海穷年累月学不完的经卷,只要凭借每个人的主观信仰和良心,在普通的日常生活中,把宗教修养方法、认识论和宗教唯心主义的世界观统一起来就可得到"正果",这样一来便把"佛国"与世俗打通,使成佛的道路更为简易直截了,这也是禅宗受到封建统治者和士大夫知识分子欢迎的原因。唐代中期经过安史之乱到唐末,人民生活更加痛苦,农民大起义的失败,使广大人民陷于水深火热之中,禅宗便是利用了这样的社会条件,使它的学说普及开来。宗教是人民的鸦片,从禅宗的兴起,更加证实了这一真理。

隋唐以后,儒、释、道日趋合流,佛教唯心主义认识论所论证的"真如""佛性"等精神本体,精致细腻地颠倒了物质和精神的关系,这也是儒家唯心主义所追求的最高的哲学境界,像宋明时期主观唯心主义者宣称的"宇宙便是吾心,吾心便是宇宙"(陆九渊),即是来源于天台宗主张的"一念三千";而"草木瓦石也有人的良知"的说法,正是继承"无情有性"之说。客观唯心主义者宣传"体用一源,显微无间"(程颢、程颐)和"理一分殊"(朱熹)也和佛教"理事无碍"的思想完全一致。主、客观唯心主义者又都直接汲取禅宗的"顿悟"说,来加强他们内省体验的"主敬"哲学。像王守仁宣传的"致良知",所谓"知这良知诀窍,随他多少邪思枉念,这里一觉,都自消融"。朱熹宣传的"格物致知",所谓"穷天理,明人伦"的功夫到处便可"一旦豁然贯通"。都是禅宗"放下屠刀,立地成佛"的翻版,是变相的僧侣主义说教。这些都说明,宋明的主、客观唯心主义体系与佛教思想的密切关系,所以说宋明理学乃是儒佛的混血儿。理学汲取佛教唯心主义的思辨内容,并且借用它的深入浅出的宣传方法,使它的一套道理更加容易深入人心,将人们对纲常名教的服从和信仰提到哲学世界观的高度,造成广泛的社会舆论和道德风气,便更能麻痹和禁锢人们的思想,使人在封建压迫面前解除精神武装而俯首帖耳任其宰割。后来的进步思想家曾抨击它是"以理杀人"(戴震),真是一针见血地揭露了理学的残酷本质。

在中国哲学史上,一些进步的唯物主义思想家,大多批判过佛教唯心主义,但是他们的批判并不能简单地宣布它为谬误就了事,而是必须通过批判、扬弃的过程从中吸取于己有益的东西。因为佛学虽是颠倒的世界观,而它却从唯心主义的立场从反面深刻地揭示了哲学上的根本问题,它也是"人类认识这棵活生生的树上的一朵不结果实的花。"(《列宁选集》第 2 卷第 715 页)这也就是宋明以后直到近代,一些哲学家不得不"出入于佛老"的原因。

毛泽东同志曾经指示说,不批判神学,就不能写好哲学史,也不能写好世界史和文学史。这个论断是很深刻的。回顾佛教在我国发展的历史,以及它对亚洲和世界文化的影响,作为世界三大宗教之一,对它的研究批判,必须引起我们的足够重视。

在《书林》杂志创刊之际,发表以上一点肤浅的看法,以期得到学界的更多注意,好使大家来共同努力做好佛学的研究批判工作。

我是怎样研究起佛学的^①

　　一个人的治学道路,有的出于偶然的机会,也有的出于工作的需要。这两者都对我研究佛学起了作用。

　　我在高中读书时,我的两位语文老师都是北京大学哲学系毕业的。我们学校用的教材不是教育部通用的中学教科书,而是教师们自编的讲义。外语、中国语文等都是自编的。中国语文的教材选的多是先秦诸子的著作、汉魏文章、诗赋,唐宋以后的作品被选用的倒是很少。关于先秦诸子的年代、真伪问题,也在讲授时有所涉猎,也选一些《古史辨》的文章,作为参考资料。我在中学时代就读了胡适、梁启超、张煦、唐兰、冯友兰等人关于老子年代的辩论。对中国哲学史开始感兴趣。1934 年考入北京大学哲学系。这时北大哲学系与清华大学哲学系各有自己的特点。清华与北大两校的历史传统不同。北京大学哲学系的教授中研究中国哲学及佛学的人才较多。如周叔迦教授讲授“天台宗”,马叙伦教授讲老庄哲学,庄子的《齐物论》完全采用章太炎的《齐物论释》的说法。熊十力先生讲“新唯识论”,汤用彤先生讲授汉魏两晋南北朝佛教史(即后来由商务印书馆出版的上下两卷本专著),还开有隋唐佛教史(有铅印本讲义)。汤用彤先生还开设一些专著的讲授,如《胜宗十句义论》《金七十论》《入阿毗

<hr/>

① 原载《书林》1983 年第 2 期。

达磨俱舍论》等。林宰平教授讲"中国哲学问题",其中也涉及一些佛学问题。这些课程之外,还有胡适先后发表过关于"禅宗"的考据文章。当然,当时的北大哲学系还有西方古典哲学及其他方面的课程可供选择。北大哲学系的学生耳濡目染,对佛教哲学都有些感受。我当时兴趣不在佛学而在西方古典唯心主义哲学,花力量最大的是斯宾诺莎、康德和黑格尔的哲学。对古希腊哲学(特别对柏拉图与亚里士多德的哲学著作)也花了不少精力。

1937 年日本发动侵华战争,华北沦陷,北京大学与清华大学、南开大学在昆明成立西南联合大学。我的大学最后一年是在昆明度过的。抗战开始,青年学生爆发出爱国热情,读书的态度比过去严肃认真了,有一种强烈的责任感迫使着我们一些学哲学的学生认真考虑生活的意义,人生的价值,文化的真谛。我开始转向中国哲学史的研究,开始寻找中国文化的优良传统,研究的重点是宋明理学,希望从中找到一个人的安身立命的地方。在大学第四年,我认真读完了程颢、程颐、朱熹、陆九渊、王守仁的全部著作。从研究宋明理学的过程中,我发现他们都受过佛教思想的影响。他们有时互相攻击,每指摘对方为"禅学"。宋明理学家都有出入佛老的经历。研究中国哲学史,不深入了解宋明理学是不行的。了解宋明理学,不了解佛学也是不行的。好比修一条铁路,有时要打通许多隧道才能通车。不了解佛教就成了研究中国哲学史道路上的障碍。研究佛教是为了打通隧道。我在研究生的学习期间,即是出于这种要求,不得不从宋明理学上溯到佛教。这就是一开始讲过的,接触佛教可以说是出于偶然的机会,如果不入北大哲学系而入清华大学哲学系,也许对逻辑学发生兴趣。等到自觉地有目的地研究中国哲学史时,认识到不研究佛学就不能前进,这是出于工作的需要,这就不是偶然性,而是非攻下佛学这一关不可,这就是我为什么研究佛学的原因。

　　研究工作没有尽头。佛教有外国的、中国的。中国的佛教有汉地佛教和藏传佛教及少数民族地区的小乘佛教。各种佛教中又有许多宗派,宗派之中又有许多分支。佛教有经典、教义、寺院组织、艺术、音乐、舞蹈、建筑等许多内容。我所涉及的只是其中的一部分。若是真把佛教研究得透,不是少数几个人或几十个人的力量所能办得到的。我研究佛学,虽然也有几十年的经历,但采用科学方法,做出比较符合实际的结论,还得靠历史唯物主义,有了历史唯物主义这个武器才不致掉进浩如烟海的资料中迷失方向,研究佛学虽说有几十年之久,但真正用科学方法对佛学进行研究,那是全国解放,学习了马列主义以后的事,这里不再多说了。

《辽藏》笔谈①

山西应县木塔发现辽代刻印佛经,震动了学术界。

许多佛教典籍、文物、法器和轴卷佛像被装在大佛塑像内,秘藏了八百多年,现在重见天日,污损残破的文物又得恢复旧观,这是文化界的一件大好事。

装修佛像或佛塔,照例都是把最能代表当时"价值"的东西作为填充内容。这些填充物一则用以镇压邪恶,二则把宝物珍秘收藏,以垂永久。应县木塔中佛像胸腹部填充的佛经、印绢佛像、七宝与佛牙舍利等都是理所当然的当时佛教的法宝。

辽代文化与北宋文化有密切关系,辽代对 11 世纪北方中国文化有过很大的贡献。但是有些学术界人士往往受大汉族思想或正统史学偏见的支配,有意无意地贬低了辽代文化的成就和它对中华民族文化的贡献。这一点从辽代木塔发现的文物可以再一次得到说明。

佛教是中国文化的一部分,它经历了隋唐的发展,已与中国封建宗法传统文化相融合,形成中国的佛教。中唐以后,河北藩镇长期割据,政治、经济自成系统,北方文化也与中原及南方有所差异。宋代佛教继承了唐代的传统,没有根本的改变。从总体看,辽文化落后于北宋,但契丹贵族努力封建化,把从事游牧生活的奴隶制带进了定居

---

① 据《任继愈学术论著自选集》,原载《中国历史博物馆馆刊》1983 年第 5 期。

的牧业农业相结合的封建制,建立了大城市,并使城市成为经济、政治、文化的中心。契丹民族把自然发展也许要若干世纪才能完成的社会发展进程,竟能在一二百年之内就把它完成了。辽代佛经雕镂的精美可以充分说明当时燕京的文化生活、经济发展已经达到相当高的水平。

过去学者认为华严宗盛行于唐代中期,天台宗、禅宗盛行于中原和江南。从这次发现的经典中,可以推知华严宗虽未盛行于江南,而五台山是该宗的圣地,《大方广佛花严经随疏演义钞》为华严第四祖澄观的经典著作,若不是华严派流行,当不会把一般著作作为宝物填充佛像。再结合《上生经》《成唯识论述记应新抄科文》《法华经玄赞会古通今新抄》《高王观世音经》《佛名集》《八师经报应记》等著作,可知除华严宗外,尚有净土念佛宗、天台宗、唯识宗等许多宗派也在辽统治的地区流行。佛像胸腹部填充的经像,也正好表明它是当时佛教流行于辽统治地区的缩影。唐末五代时期,河北三镇禅宗流行,这次应县文物没有反映,可能与禅宗不立文字、不重经典诵习的宗风有关。

辽代文献保存下来的不多,经过近百年来学者的不断汇集,仅得十三卷,二十余万言。这可能由于辽代禁止典籍流出境外,"传入中国者,法皆死"(《梦溪笔谈》)。这也限制了辽代文化的向内地扩散。佛经雕印,旨在流布,似不应珍秘,何以《辽藏》流布不广,或许由于印数极少所致。后来《金藏》利用了一部分《辽藏》的雕版,《辽藏》被看作《金藏》的一部分而保存下来也未可知。人们只知《赵城金藏》的可贵,但尚未有人从头到尾看过全部《金藏》。如果把《金藏》与《房山石经》对勘,再上溯到北宋《开宝藏》,也许能找出更多值得推敲的线索。我们将在深入研究《金藏》的基础上希望对《辽藏》获得更多的知识。

在五台山研究会首届学术思想讨论会上的发言^①

我讲的题目是《佛教与中国的传统文化及五台山的研究》,现分两部分来讲。

一、以佛教与中国传统文化历史为借鉴,看今天的精神文明建设的道路

佛教在印度,从古至今并非是一个最大的派流。在古代的势力远逊于婆罗门教,10 世纪以后濒临绝灭。当年佛教的寺塔建筑,现都成了废墟。佛教传入中国,却有了相当大的发展。

佛教向印度次大陆传播的路线有两条,即所谓南传、北传。南传佛教在泰国、斯里兰卡、缅甸、柬埔寨等地区。北传佛教经中亚至中国的西部,然后传入内地,又分两支:一支是汉地佛教,另一支是藏传佛教(外国叫作西藏佛教,并不准确)。佛教传到中国时是汉朝,最早沿着陆上的丝绸之路到了内地,后来是海上的"丝绸之路"。佛教传入中国后,适应中国的社会制度、风俗习惯,发生了一定的变化。如在印度的僧人,高于俗人一等,不再拜父母君王。这在中国曾引起了

---

① 原载《五台山研究》1988 年第 1 期。

104

较长时期的争论,争论结果是还须拜父母君王。再如,外国出家的和尚可不受政府法律约束,唐三藏取经回来曾建议中国僧人也不要受政府法律的管辖,改用僧律管辖僧众,唐太宗没有答应。佛教传入中国,接受了中国的封建宗法制度。

佛教在中国传播很注意普及的宣传。如僧人结合佛教进行宗教宣传,讲佛教故事,长的连讲一至两月,很吸引人,甚至上层贵族妇女也去听。近似后来的"幻灯"的宣传,也是自佛教开始的。佛寺搞许多壁画也是为了宣传的普及。

佛教对下层群众,用直观形式,用音乐、戏剧、艺术以吸引群众。对上层知识界,则用它的宗教理论来影响中国思想界。它的宗教理论,刚好与中国思想界相配合,如汉代的宇宙论,魏晋南北朝的本体论,都是当时中国的主要思潮。魏晋南北朝中后期,中国哲学界又推向心性论的研究,在中国哲学史上深入了一步。中国哲学和佛教当时的理论重点,都在讲心性论,正好配合起来。在隋唐时期儒家讲心性问题,佛教也讲心性问题,甚至讲得更深入。双方这种配合,几乎是同步发展的。佛教在中国,从汉代到魏晋南北朝以至隋唐,从上到下都有它的市场,"货"比儒家的"便宜",经典著作数量比儒家经典多若干倍,经学已成为系列的学问。这样经过长期交融,佛教已不被看作是外国的宗教,释迦牟尼也不被当作外国人看待,孔子、老子、释迦牟尼被中国人尊为"三圣",认为他们都是值得尊奉的"圣人"。佛教思想也不被当作外来的文化看待,它已成为中国传统文化的一部分。如心性论是当时哲学界、思想界共同关心的问题,已不把它看作是外来的东西了。

如同流水有高低势差一样,佛教文化和中国传统文化接触后产生了一种"势差"。这种"文化势差",往往是高级文化影响低级文化,低级文化受高级文化的影响。如果外来的文化水平低于中国当时的汉地文化,它就会受文化势差的影响。印度文化与汉地文化比较,各有特色,两者没有明显的高低差别,因此这二者便互相吸收、融合,终于变成中国自己的东西。西方基督教文化到非洲,基本没有遭到很大的阻力,很快征服了当地原有文化,迫使当地文化欧洲化。基督教传来中国有三次,都未站住脚,最后一次后来是靠大炮强迫推行宗教宣传的。目前我们面临一个开放的时期,今天外来的文化,科学技术是进步的,政治制度比起封建文化,并不落后。我们的社会主义的初级阶段,文化的历史地位比资本主义更先进,比西方文化高一个层次。但我们的社会主义还处在初级阶段,有一部分是旧社会遗留下来的封建主义的残余。这样,封建主义的文化中,有一部分抵御不住外来资本主义文化的影响。外来西方资本主义文化也不都是先进的。好多国家在资本主义制度下,面临着一系列的社会问题不得解决。我们目前的现实生活中,也有落后的东西有待克服,像封建主义的家长式的统治,民主作风没有建立得完善,片面的服从关系,这些都不是社会主义的文化。还有很多封建残余影响着现代文化的建设,恐怕还是应当以我为主批判地吸收外来文化中有用的东西。对社会主义的认识有一个过程。所以,现在加强社会主义教育,加深对社会主义的认识,还是一个很大的任务。对于非社会主义的东西,你不影响它,它就影响你。在"文化势差"的原则下,我们要力争用社会主义文化去影响、改造前社会主义的文化(包括封建的和资本主义的)。

二、关于五台山研究的具体的设想

看了拟定的研究规划大纲,觉得很好,基本上是可行的,我表示同意。对五台山多学科综合性的研究,必须密切地结合经济开发进行文化的开发,结合经济建设进行文化的建设。五台山研究不能只进行佛教的研究,最好就是结合五台山地区的社会、政治、经济……各方面进行多方面的研究。不搞开发就没有出路。

五台山的研究和开发,是综合性的,对外开放的。这个总体设想是好的,可行的。

五台山是佛教四大名山之一,佛教文物也十分丰富。但五台山的研究,佛教方面只是五台山研究的一部分,主要精力还得放在综合研究、综合开发上来。山西省的各级领导很重视文化开发,舍得投资,具有远见卓识,是很难得的。

随着对外开放,也要事先估计到开放以后必然带来的新问题。有些问题将随着经济的开发越来越突出,像环境保护、水源保护、社会治安保卫,都将提到日程上来。更具体些说,像垃圾的处理、三废处理、交通电讯的设备、业务行业人员素质的提高,都要做在前头。在山西省还过得去,还不能说够水平,城市开放后,那就要与国内外城市比。如不能预先做好准备,一旦开放,将会给工作带来一系列的被动局面。治不如防,这是别的开放城市早已遇到的,由于没有考虑周到而后悔,再补救那将费更大的人力和物力。

五台山的文物古迹,多与佛教有关。组织相当数量的人力开展佛教方面的研究,是很必要的。社会上有一种误解,似乎开展佛教研究,就要恢复寺院,发展寺院,广招僧徒。其实,佛教在历史上最盛时期,僧人在人民群众中也只占少数。但佛教文化则是全民族共同的财富,像敦煌莫高窟的壁画、彩塑,大都是佛教的宣传品,而今天参考、研究敦煌壁画的人,每天成千上万。各种信仰的人都有,并不限于佛教徒,实际上,佛教徒研究敦煌文物的却很少很少。为了更好地开发这里的文化资源,我们要用历史唯物主义为指导进行研究,佛教信仰反倒有一定的局限性。佛教信仰是个人的自由,有信有不信;文物保护,文化研究,全民族都有责任,不光是教徒的责任。五台山的研究搞好了,可以推动五台山的经济开发,可以提高全民族文化素质,不但对山西省有贡献,也对全国有贡献。

对于开放后将要出现的困难和一些腐朽资本主义文化的影响,以及开放给社会生活带来的消极因素,都要有充分的估计。工作做在事情发生的前头,再大的困难也能克服。有备方能无患。

介绍《中国佛教宗派丛书》[①]

　　佛教传入中国，经历了两个主要阶段。第一阶段是翻译介绍阶段，第二阶段是吸收创造阶段。从汉代传入中国到南北朝初期，属于第一阶段，这一时期的佛教大师都是外国僧人，中国学者只能充当外国佛教专家的助手。译经学者来自不同国家，各有其师承传授系统，信奉不同的经典，他们在中国的译经助手和听讲者跟着翻译者形成不同的学派。讲经的寺院即成为该学派活动的中心。主讲大师转到另外寺院或另外城市，学派中心也随着转移，信徒不是固定的。

　　隋唐时期为中国佛教发展的第二阶段，这时期的佛教大师都是中国人，他们创建了中国的宗派，不少外国僧人学者到中国留学，充当中国大师的助手。

　　隋唐时期的佛教学者根据中国国情，阐释佛教典籍，有发挥，有改造。他们对宗教理论的解释，有的能找到经典依据，也有的宗派抛开经典，进行创造性的发挥，以期适应中国当时社会情况。中国佛教进入隋唐时期才出现了宗派。佛教宗派的形成，是佛教中国化成熟的标志。宗派不同于学派，约有以下四点：

　　（1）宗派有严格的师徒嗣承关系，有如世俗族谱，僧人的继承人称为"法嗣"。

---

　　① 据《皓首学术随笔》。原以《介绍〈中国佛教丛书〉》载《书与人》1994 年第 1 期。曾收入《任继愈学术文化随笔》《任继愈禅学论集》。

（2）宗派拥有各自依据的经典,如天台宗依据《法华经》,华严宗依据《华严经》,其他经典作为参考而不作为依据。

（3）宗派拥有固定的寺庙财产权,其他宗派不得侵占。

（4）宗派具有排他性,只承认本宗派为佛教正统,其他均属旁支。

根据以上四点,佛教宗派把传入中国的众多不同流派都给安排了高下等级次序,用自己宗派的标准评判其他宗派,称为"判教"。一般总是把自己的宗派放在最高地位,其他宗派分别排在次要地位。隋唐时期,汉传佛教地区影响较大的有四大宗派,这四个宗派按创建时间先后顺序是天台宗、法相宗、禅宗、华严宗。各宗派在唐朝同时并存,相互竞争。净土宗重在念佛,偏重实践,不太重视理论,他们只诵读少数几部经典,对净土宗不需编辑丛书。隋唐时期三阶教曾盛极一时,影响较大,隋唐政府认为它对中央政权有危害性,限制其发展,几次查封其寺庙财产,武则天以后即趋消亡①。国内外学术界认为中国佛教有"八宗"或"十宗"。这是由于他们把早期第一阶段的学派与后期第二阶段的宗派弄混了,才认为有所谓"成实宗""俱舍宗"等,实际上他们所说的"宗"属于"成实学派""俱舍学派"②不是宗派。

从事中国历史、文化史、哲学史、宗教史等的专业工作者,都认为佛教文化是中国传统文化的一个重要方面。缺了这一方面,就无从了解中国的历史和中国文化,广大研究者深感资料缺乏。人所共知,佛教典籍浩繁,本不应当感到资料匮乏。由于佛教典籍绝大部分保存在《大藏经》里,《大藏经》有各种版本,其分类方法是为宗教信奉者而设,不便于现代人检索,况且《大藏经》卷帙成千上万,也不是一

---

① 敦煌手写经卷中还保存三阶教的资料。

② 汤用彤:《论中国佛教无十宗》,《哲学研究》1962 年第 3 期。

般研究者容易备置的。

依据多年来从事教学和科学研究经验,佛教典籍中,重复、因袭的著作太多,泥沙与珠玉混杂,不加区别、原封不动地捧给读者,未免不负责任。我们这一代人为了区别佛教资料的精粗真伪,耗去许多精力,不应当让后继者重复我们走过的弯路。

编辑这部中国佛教丛书,我们选出最有代表性的四个宗派,选辑原则是:各宗派最有代表性、必不可少的;国内外稀见而重要的。我们淘汰的原则是:内容重复的,无新见解的,专家审定资料不可信的。

为了方便读者,每篇资料都附有简明提要,对有志于独立研究者提供一个路标。总之,我和我的同事们多年来深感学术界缺少一套资料翔实、繁简适中的佛教资料丛书。现在得到江苏古籍出版社的合作,使这部十年前早已编成的丛书得以问世,了却我们多年的夙愿。借丛书出版的机会介绍我们编辑的一些设想,希望这套丛书能为研究者提供一点方便,能为新中国文化大厦添几块砖瓦。

从佛教文化看中国文化的历史演进[①]

在宗教当中,第一大教是基督教,第二大教是伊斯兰教,佛教信徒少,但有深入的内涵。

从文化的角度看,中国文化接受外来文化情况复杂。在非洲传教三至五年可以皈依,中国不行。像落差一样,文化传播同样是高文化影响低文化。

佛教进入中国变成了中国式的佛教。三大教,儒释道。佛教接受了忠孝,站住了,基督教不接受,站不住。佛教虽讲出家,但是是大忠大孝。三教头变成了三圣。

佛教在中国发展,面貌变化很大。鸠摩罗什讲得深,没发展,慧远讲得浅,得发展。要以我为主,吸收外来文化发展自己,不结合中国自己的东西,发展不起来。结合国情非常重要,中国的国情是多民族的统一的国家。

在佛教传播中,从文献看,比如佛教大藏经,不要问哪个对,哪个不对,任何注释注解都是当时当地的一种认识;从实物看,佛的造型不断从印度式向中国化转变。

未来中华民族的发展会像过去一样,新文化和本土文化接触、冲撞,低文化碰撞高文化则抵挡不住,高文化碰撞低文化却没有问题。

---

① 原载《方法》1998 年第 1 期。

孟子讲"万物皆备于我",现在讲万理皆备于我,不可以。比如讲二进制从《周易》来,中国研究《周易》的书有四千部,却没有出计算机;看了《庄子》说现在不如庄子,庄子懂环境保护,这种研究方法不行。

我们的国情是多民族的统一的国家、发展文化要以我为主。要利于民族团结,利于学术发展,利于国力强盛。要发挥优势,融和、消化、吸收、改造自己的文化。

给我们现在的文化以一个恰当的定位:接受外来文化不够,现在是了解、吸收、选择的过程。现在像魏晋南北朝,不像隋唐有自己的东西。现在条件、时间不够。文化进入、消化、吸收,少则一两百年,多则更长,而鸦片战争到现在只有一百多年。

佛教在中国文化史中的地位[①]

佛教起源于印度次大陆,传播地区包括今天的尼泊尔、印度、巴基斯坦、孟加拉、斯里兰卡等国。后又传播到东南亚的缅甸、泰国等国。传入中国时间约有两千年。说"约有两千年",是因为宗教的传播不同于某一政治事件,可以有确切的年月和时间。宗教是一种文化形态,而文化传播是渐进的。文化有它的群体性、社会性。宗教的传入须有一段被接收的过程。开始传播时,只有少数人。由少数人的传播到拥有一定数量的信徒,绝非一朝一夕的事。因此无法确定佛教传入中国的确切年代为某某年。起码我们目前掌握的史料还无法确定佛教传入中国的确切年代。

佛教传入中国,主要有三条途径。一条经中亚细亚,传入新疆以至长安、洛阳;一条经尼泊尔传入西藏地区;一条在云南西部边境,经泰国、缅甸接壤地区传入。

这三条途径传入中国的佛教都产生相应的影响,并形成了中国佛教的三个支派。传入黄河流域的一支形成"汉传佛教",传入西藏地区的一支形成"藏传佛教",传入云南的一支形成"云南上座部"。由于各地区的文化、地域、社会生活的差异,这三大支派发展的形势也有差别。云南上座部人数最少,传播地区局限于云南省西部边沿

---

① 原载《任继愈禅学论集》。本文为《中国佛教文化大观》(北京大学出版社,2001年版)序言。

地带。藏传佛教传播较广,从西藏开始,沿中国西北到内蒙古、蒙古国以及俄罗斯远东地区,产生广泛影响。这两大支派自成体系。汉传佛教这一支派,影响人口数量最大,信徒最多,对中国传统文化的影响也最为深远。

汉传佛教以汉文化为传播载体,以佛典汉文译本及中华佛教撰著系统地介绍了佛教历史、经典、教义。传播地区从黄河流域扩展到长江流域、珠江流域。此后又以汉文佛教著译为载体向东部邻国扩散,经过朝鲜半岛东传日本,此外还传播到越南。

中华民族自古以来就是一个有高度文明的大国。它有深厚悠久的文化传统,对外来文化有一种鉴别、择取的能力。所以,佛教传入时并不是很顺利地被接受。中华民族的传统文化经历了与佛教的一段长时期的交流、冲撞,才逐渐吸收了其中的适合于中国人的部分。佛教与中国传统文化相结合,从而形成中国佛教。这一特点在汉传佛教中表现得最充分。中国藏传佛教及云南上座部佛教也有类似的情况,这里不具论。

中国汉传佛教有两千年历史,从它与中国传统文化的相互关系看,可大致分为如下三个阶段。

第一阶段为译述阶段,从初传入到南北朝,历时约五百年。这时期的重要的佛教代表人物大都是外国译经僧人,他们是佛教典籍传译的主持人。他们的任务是翻译、介绍佛教的基本内容。这一时期的后期也开始出现中国人撰写的佛教著作,但大都是对印度佛教经典的注疏与介绍。由于中华民族有相当高深的文化素养,因此,即使在注疏与介绍中也有所创造。如佛教般若学是佛教理论中的重要流派。中国学者也十分看重般若学,但他们有独特的看法。如"六家七宗",反映了中国玄学的不同学派对佛教般若学的理解。因此,从某种角度讲,"六家七宗"的出现,也可以看作是中国佛教学者力图摆脱依傍,提出自己解释的一种尝试。

第二阶段是创造发展阶段,历时约三百年。前一阶段佛教的代表人物主要是外国僧人,这一阶段佛教的创造发展者几乎都是中国僧人。隋唐以前介绍佛教典籍原著要借重外国僧人。隋唐以后,介绍翻译外国典籍比重减少,因为印度佛教的重要经典大多有了汉译本,有的典籍有两种或多种译本,乃至综合不同译本的编译本。中国人的汉文著作比重急剧增加。内容为中国佛教信徒关于该佛教典籍的理解、阐释。这一时期的作者已由外国佛教学者转移为中国佛教学者。著作的内容也从介绍、转述到阐发、发挥。中国佛教学者继承了中国古代以述为作,以述代作的传统方式,他们的著作名为佛经的注疏,其内容主要是论述著者自己的理论体系。佛教传播中心已转移到中国。中国佛教离开印度佛教词句,注重发挥佛教的微言大义。有些发挥是在印度佛教的某些经典中找到凭借而赋予新意;也有些中国人的著作脱离依傍,完全阐发自己的理论。禅宗的理论在印度就几乎找不到什么根据,他们自称"教外别传",得自佛祖的"心印"。南北朝中期以后,不断出现"伪经"。这些"伪经",是当时时代思潮的反映,有很重要的思想史料价值,丰富了中国佛教的内容,开创了中国佛教理论研究的新局面。从人类认识史、文化史角度看,佛教史也等于中国文化史、思想史。

中国佛教发展的第三阶段是儒、佛、道"三教合一",也可称为"佛教儒化"阶段。佛教与中国传统宗教儒、道两教进一步结合,潜移默化,深入到中国文化的中枢部分。这一糅合过程,充实、改造了儒教的世界观,把佛教长期发展的心性之学渗透到理学内部。在佛教心性之学的参与下,中国的儒教逐渐形成。佛教得儒教而广,儒教得佛教而深。三教合一,儒教居中,佛道两教为辅。从此中国的佛教与儒教同命运,共兴衰。学术界一致认为朱子(熹)近道,陆子(九渊)近禅,王守仁(阳明)近狂禅。事实上,没有佛教就没有儒教,以反佛教自命的宋儒,没有不受佛教洗礼的,骨子里是佛教的嫡系传人。

研究佛教文化是研究中华民族文化这个总课题的一个重要组成部分。实际上,佛教作为一个宗教,它所影响的只是社会上某一部分对佛教具有虔诚的宗教信仰或宗教感情的人;而佛教作为一种文化,它已经与中国传统文化融为一体,成为笼罩着整个民族精神生活的巨大背景。任何一个在这个背景中生活的中国人,都不可能不受它的影响。佛教创始人释迦牟尼与中国儒教代表人物孔子、道教代表人物老子并称"三圣"。中国各族人民都没有把佛教祖师当成外国人,而且受到普遍的尊敬。由此也可见佛教文化入人心之深广。

多灾多难的 20 世纪,中华民族走过艰难的路程。20 世纪后半叶,我们得到真正的独立自主. 开始由积贫积弱走向富强之路。21 世纪,我们要在前人创造的基础上创建伟大的社会主义新文化。文化建设是一项继往开来的工程,也是一个长期积累的过程。既不可能暴起,也不会暴落。完成这一伟大任务是中华民族共同的事业,也是我们共同的历史责任。

温故知新,由旧创新,是发展文化的通例。这部《中国佛教文化大观》从佛教与中国传统文化的关系着眼,论述了佛教文化的种种形态,以及它对中华民族文化影响的种种方面,包括宗教生活、民俗习惯、政治观念、伦理思想、价值观念乃至哲学、文学、艺术、科学、饮食等诸多方面,包罗宏富,科学地、系统地向社会广大读者介绍佛教文化的概貌。编者的态度是认真的,所介绍的资料是可信的,在不少方面提出了一系列新的观点。我相信,这部著作的问世,不仅对新中国的文化建设提供了一部可用的资料，也将进一步推动中国佛教文化乃至中国文化的研究向前发展。

方广锠和许多编写者的努力和成就值得鼓励。我愿在此书出版之际，向读者推荐这本著作。

1998 年

佛教研究的方法和方向[①]

世界宗教研究所成立之日起,我们就明确把佛教作为中国传统社会文化现象看待。佛教传入中土,它历史长久,覆盖面广,内容又十分丰富,我们佛教研究室是我国历史上第一所国家的研究机构,既要把佛教研究纳入中国传统文化的主流,不把它看作外来文化,又要放眼世界,与世界潮流接轨。我们根据自己的条件(人才、物力、学术传承),将佛教史作为切入点,开始积累资料,培养人才,有步骤地开辟新领域。

从佛教通史进而扩展到断代史的研究;从佛教理论拓展到佛教宗派、佛教艺术;从汉传佛教开拓到藏传佛教。我们还开辟了佛教文献学这一新领域。在宋、元、明、清诸多版本大藏经之外,编辑了带有新中国标志的《中华大藏经》。

中国佛教有别于印度本土佛教,在东亚自成体系,与邻国有过密切交流。中国佛教文化在历史上曾发挥过中外国际文化交流的桥梁作用。解放后,佛教研究室负担着国际学术交流的任务,与世界佛教研究学者搭起了友谊的桥梁,并取得多方受益的好成果,建立了固定的交流机制。

继世界宗教研究所佛教研究室成立后,北京以外,如四川、南京、

---

① 据《任继愈禅学论集》(商务印书馆,2005年8月版)。原为《佛教与历史文化》(宗教文化出版社,2001年1月版)序言,曾收入《竹影集》。

上海等地相继建立研究机构,在大学里也开设了系统的佛教专业课程,喜见全国新一代青年学者茁壮成长,他们承担着佛教研究的骨干作用。

我们佛教研究室的宗旨是积累资料,培养人才。根据资料说话,崇尚实际,避免空谈。

我们佛教研究室的研究方法是不用宗教说明历史,而是用历史说明宗教。

三十多年来,我们就是这样走过来的,今后还要这样走下去。这个论文集是研究室同仁的第一次集结成果,作为佛教研究室最早的成员之一,愿与大家共勉,培养第一流人才,争取奉献第一流的研究成果,为构建新文化做出应有的贡献。

修造佛教大典　弘扬传统文化①

——《中华大藏经》下编编纂工作启动

　　大藏经是佛教典籍的结集,它的内容十分广泛宏富,涉及宗教、哲学、历史、语言、文字、音韵、文学、艺术、天文、历算、医药、建筑、中外关系等诸多领域。它是人类文化遗产的重要组成部分,对世界文化曾经产生过深远的影响,也是我们今天研究世界文化不可或缺的资料。

　　现在尚流传于世界,并自成体系的大藏经主要有三种南传巴利语三藏、汉文大藏经、藏文大藏经。在这三种主要的大藏经中,汉文大藏经所收经籍的数量最多,涉及的时代跨度最大,地区涵盖面最广,包容的佛教派别也最多。所以,汉文大藏经之重要,历来为世人注目。

　　佛教传入中国大约已经有两千年,对中华文化各个方面产生了持久而强烈的影响,已经成为中华文化的有机组成部分。由于汉文大藏经在佛教中,在中华民族文化史上占有重要的地位,因此,南北朝以来,我国历朝历代都把修造汉文大藏经作为本朝的大典,以致修造大藏经成为中华民族文化史上代代相续垂芳后世的盛事。

　　今天,我国新文化的建设,正处在一个资料积累的时期。在我们

---

① 原载《中国出版》2002 年第 9 期。

走向现代化的过程中,清理传统文化,继承优秀传统,就必须对佛教文化进行深入的研究。佛教文化作为中华文化的一个有机组成部分,无论是其积极方面,还是消极方面,都需要我们进行认真的总结。而汉文大藏经必将在这一过程中做出应有的贡献。编纂《中华大藏经》正是顺应这一历史的需求。

1982 年,在国家古籍规划领导小组的领导下,成立了非实体的"中华大藏经编辑局",开始编纂《中华大藏经(汉文部分)》上编。上编总汇历代大藏经之有千字文编号的部分,收经一千九百零五种,共计一百零六册,约一亿一千万字。以稀世孤本《赵城藏》为基础,汇勘了历史上八种有代表性的藏经。为保持《赵城藏》的文物原貌,上编影印出版,未加标点。经过数百人十三年的努力,于 1994 年底编纂完毕,1997 年由中华书局全部出齐。该上编先后获得新闻出版署全国古籍整理一等奖、中国社会科学院科技成果荣誉奖、全国图书荣誉奖,得到国内外学术界的重视。

过去每个朝代编纂大藏经时,一般都会对前代的大藏经进行整理,并增收新的佛教资料,从而使大藏经的内容不断更新、丰富,历经唐宋元明清,已形成惯例,修造新的大藏经已成为我们这一代人的责任。而《中华大藏经》上编所收仅为历代大藏经的有千字文帙号部分,还没有包括古代大藏经已经收入的全部佛教典籍,更无论新编入藏。因此,早在 1982 年《中华大藏经》起步之初,就有编纂下编的设想。今天这一设想已经付诸实施。

一、《中华大藏经》下编有如下一些特点

(一)在内容方面,拟收入历代大藏经之无千字文编号部分及新

编入藏部分。所谓"历代无编号",指历代大藏经中那些没有编系千字文编号的典籍。所谓"新编入藏"是指以往流散在大藏经之外,以及近百年新出的佛教文献,包括敦煌遗书、房山石经、西夏故地新出佛典,六朝以来的散佚佛典(包括散佚在国外的佛典),金石资料中的佛教文献,近年以来从梵文、巴利语、藏文翻译的佛典,各地图书馆、博物馆保存的未为历代大藏经所收的古代佛教典籍;正史、地方史志、丛书、类书、个人文集中保存的佛教资料;佛教有关的金石资料;近现代重要的佛教著作等。收入文献的年代的下限截止到当代。将上述种种佛教文献认真加以整理,编入《中华大藏经》下编,将使《中华大藏经》成为世界上收罗最为宏富、资料最为充实的佛教典籍宝库,其规模超过历代任何一部大藏经。下编编纂工作预计五年完成。

(二)在体例方面,《中华大藏经》下编将吸收最新研究成果。采用科学分类方法将所收佛教典籍重新分类,揭示佛教文献本质的特征、内容上的相互联系与相互间的渊源流变。分门别类地把全部佛典组织为一个有内在逻辑联系的有机整体,以便于读者从总体上把握大藏经,并可明确某一典籍在整个大藏经中的地位。

(三)在形式方面,《中华大藏经》下编将采用标点出版的方式。采用电脑录入、激光照排,版面庄重、典雅、划一,又便于阅览与保存。下编将实现电子本与书册同时推出,以更好地满足各方面读者的需求,并可实现大藏经的全文检索。

下编完成后,《中华大藏经》将体现中国佛教典籍之全貌,体现当代中国佛教学者的水平。为当代,为后代,提供翔实、完整、科学、实用的资料,为继承与发扬中华民族的优秀文化贡献力量。

二、编纂《中华大藏经》的意义

中国古代儒、佛、道三道并存,大藏经是佛教文献的结集。大藏经的编纂,是保存和继承传统文化的基础性的工作。它对于社会主义新文化的建设具有重要的意义。

以往的大藏经都是由佛教界人士编纂的。这次编纂大藏经,是由中国共产党领导的社会主义国家资助。这件事,充分显示了国家对传统文化的重视,对社会科学研究的重视,对中华民族不同宗教、不同信仰一视同仁,佛教文化与其他宗教文化遗产受到同等重视。

佛教文化是中华传统文化的重要组成部分。在佛教文献中,一面记录佛教僧侣的信仰以及他们的信仰活动,一面也记录着他们为了论证自己的信仰所吸收和创造的认识成果、艺术成就以及其他方面的文化成就。不论信仰不信仰佛教,佛教文化是中华民族共享的遗产,是我们创造新文化不可或缺的资料,是应该和必须加以继承的。

《中华大藏经(汉文部分)》上编已经出版,在国内和国际学术界都获得了良好的声誉。由于体例以及人力物力的限制,还有许多佛教典籍未能收入。这些典籍,有的虽然过去已经入藏存在,但需要收集和整理,收集整理佛教的和有关佛教的文献,将是《中华大藏经(汉文部分)》下编的重点和难点。

近现代学者研究佛教的论著,对于批判继承佛教这一传统文化,具有更为直接的、现实的意义。下编收入这一部分,不仅是遵守历代编藏的传统,也是正确认识和理解佛教的需要。

　　要批判继承传统文化,资料工作应是第一位的。没有充分的资料依据,对于传统文化的种种议论,都不能中肯,也未必有用。由于种种原因,这个工作过去只能零散地进行。近些年来,随着研究的深入和国力的增强,使大规模的资料整理工作成为可能。《中华大藏经(汉文部分)》上编的完成和下编的启动,是这种大规模资料整理工作的组成部分。参与这个工作的全体同志,愿为后世学者的进一步研究做铺路和奠基的工作,并祝愿我国的佛教研究以及整个文化研究事业日益兴旺发达。

唐玄奘取经与《西游记》及其现代启示意义①

玄奘其人

玄奘,河南偃师人,俗姓陈。十三岁出家,二十一岁受戒(得到和尚的资格证书),成为正式僧人。他之所以在历史上很著名,有以下几个方面的贡献,值得大书特书。第一是介绍中印两国的文化典籍,尤其是印度的佛教文化,有名的"唐僧取经",就讲的这件事情。他早就想申请去印度留学,但唐朝政府不批准。贞观三年,河南偃师等地闹饥荒,当地政府允许老百姓自行外出避荒,自谋生路,有许多人就开始往西走。他利用政府允许出外逃荒的机会,偷越国境,当时人的交通知识非常有限,知道佛经是从西方传来的,就知道一直往西走,经过武威,经过敦煌,一直向着正西走,再向南折进入印度。玄奘出国的动机,自己也有过交代。他非常好学,学问很好,遍访名师,但发觉各人所说的都不一样,都有经书的根据,不知谁对谁错。他很想找到一个对的,弄清楚到底是怎么回事,解决分歧。围绕一个什么问题,他才出去的呢?佛经上讲,一个人要修行成佛,得到解脱,一种是

---

① 原载《文津讲演录》之一,北京图书馆出版社,2002 年 1 月版。

靠身后修行，这一辈子，下一辈子，再下一辈子，死了以后再修行，再修行，从而得到解脱，圆满成佛。还有一种说法，成佛在当生，这一辈子死后就可以成佛。这两种说法都有根据，谁也不能说谁错。玄奘就想亲自到西方去看一看，问一问到底是怎么回事。在今天看来，成佛不成佛是一个假的问题。但在当时的佛教徒看来，是解脱现实苦难、解决现实问题的唯一途径。成佛的问题虽然是假的，但玄奘研究印度文化的愿望与追求却是实在的。玄奘到印度以后，先到了当时佛教的研究中心——那烂陀寺，我曾去考察过，现在已仅存当年遗址，寺院的建筑已全部成为废墟。这里当时是佛教研究的一个中心，聚集了许多佛学大师。经常有四千学者住在这里，加上流动的学者，总共可达万余人。玄奘就拜戒贤法师为师，学习佛经，戒贤为他讲了两遍。该寺院上万名学者中，精通二十部经论的约有五百人，精通五十部以上的约有十人。这十人之中，就有唐玄奘。这十位高僧有单独住处划列出来，配有服役人，出门可以乘象，可以享用酥油和香，可以和贵族一样，食用一种个大粒米，蒸熟后，香气飘溢。只有王公大人可以享用，被称为"人大米"。这说明，玄奘留学时期的印度佛教与释迦牟尼时的佛教相比，已经有了很大的变化。释迦牟尼时的佛教徒生活靠俗人的施舍，施舍什么就吃什么，当然就有可能也吃肉，并不是一开始只吃素不吃肉。中国的和尚吃素是在梁武帝以后才出现的。原始的佛教没有私人财产，除了身上的袈裟、蒲团和钵子，其他一无所有。玄奘到印度时，释迦牟尼去世已经一千多年，和尚拥有豪华的住所，有伺候的人，有私有的财产。这个变化影响了佛教经典的内容，出现了经学哲学，讲究记诵，注重书本的文献功夫，生活上的修养反倒不重视了。这是与早期佛教的很大区别。早期的佛教则被称为小乘。后来人们称后期佛教为大乘，意思是可以装更多东西（道理）。

玄奘在印度留学期间学习优异，非常出色，有一次有一个不同学派的学者找到那烂陀寺，要进行辩论，"书四十条义，县于寺曰：若有难破一条者，我则斩首相谢。经数日，无人出应"。玄奘为了维护佛教的尊严及本教的教义，出来应战，驳倒这个挑战的僧人，当然没有让这个挑战者割下头来。这也说明，当时玄奘留学的这座最高学府的高僧们学问不算高明，别人骂上门来了，他们居然躲起来，"数日无人出应"。多亏了玄奘这个外国青年留学生站出来，才给这一万人解了围。玄奘的声望也大大地提高了。当时小乘佛教叫他"解脱天"大乘佛教叫他"大乘天"。"玄奘"的中文名字印度人不熟悉，提到"大乘天""解脱天"很多印度人都知道。临回国时，玄奘又参加了一次规模很大的辩论会，佛教叫"无遮大会"，不加限制，人人都可以参加。唐玄奘的题目挂出来以后，成千上万的人里没有一个人敢于向他挑战。唐玄奘载誉而归，得到了极高的声望。所以说，唐玄奘的声誉是靠他的本事得来的，而不是靠别的什么外力。

回国以后，他就立意翻译佛经。中国历史上有四大佛经翻译家，一说是鸠摩罗什、真谛、唐玄奘、义净，一说是鸠摩罗什、唐玄奘、不空和义净。四大翻译家中，最有影响的是鸠摩罗什和玄奘，他们代表了两种不同的翻译思想和方法。鸠摩罗什翻译的是集中介绍空宗的一派，玄奘翻译的则介绍有宗一派，两派都属于大乘。鸠摩罗什翻译的注重意译，将主要的意思翻译出来即可；玄奘一派则注重语句的对应，逐字逐句地直译。他对许多早年译出经典的翻译都不满意，有选择地进行了重译。玄奘译经的数量也很大。他学问好，文才极佳，相貌端庄，唐太宗非常欣赏，多次劝他还俗做官。唐太宗还想请他讲讲印度的社会、文化状况。唐太宗的政治野心很大，想通过了解外国的情况，伺机扩大领土。唐玄奘归国不久写了一部《大唐西域记》，介绍西方国家的物产、制度、种族、语言、宗教信仰、风俗、人口等。提到的国家亲身经历的有一百一十个国家,没有到过而听说的有二十八个,从后来的地图看,几乎印度现在国境的全部他都走遍了,不愧是一个旅行家。前不久被阿富汗塔利班炸毁的大佛,唐玄奘那时就亲自看到过,非常瑰丽雄伟。

当然,他也经历了许多苦难和危险。途中有一个很落后的小部落,他们有人头祭风俗,每年要找一个仪表端正的男子,将他杀了祭神,以祈求风调雨顺、五谷丰登。唐玄奘不幸被抓住了,要被杀了祭神。玄奘没有办法,就只好默默地念经,可巧一阵暴风,刮得所有的人都逃走了。他还经过流沙河,沙漠戈壁上没有道路,没有路标,只有靠死马、死人的骨头往前走。没有水喝更是常见。由于玄奘当时出国是非法偷越出境的,经过高昌国(即今天的新疆吐鲁番地区)时,国王也是一个虔诚达到佛教徒,又很欣赏玄奘的学问,就想留他,供养他,他不答应。国王就又和他在佛像前发誓,结为兄弟,取得国王兄弟的资格,以国王的名义发给关文,放他前行。这是《西游记》所说"御弟唐三藏"的根据。回国时他再经高昌国,此时老国王已死。唐玄奘就在此地给唐太宗写信,表明自己是一个私自出境的人,希望唐太宗赦免他的罪行。唐太宗正在洛阳,接信后马上回信,表示欢迎他回来,以前的一切既往不咎。唐玄奘在高昌国给唐太宗的上表中,还表明他当初出国的目的,是为了解决人是当世修行还是来世成佛的问题。

唐玄奘回来后,唐太宗就让他讲沿途的所见所闻,出巡时邀他陪同,这使唐玄奘很苦恼,因为他急于翻译佛经。经过反复的申请,唐太宗终于同意他翻译佛经。但不同意他住到终南山中去,因为要随时召见他,只能住在都城长安附近。他善于交际,曾请唐太宗为他的译经作序,大家所熟悉的《大唐三藏圣教序》就是唐太宗写的。唐太宗本来不信佛,也不太喜欢佛教,但为了笼络唐玄奘,给他写了序,这就是流传广泛的《圣教序》。后来唐高宗也写了序。有两代皇帝作序、支持,唐玄奘的地位就更加显赫了。唐玄奘及其弟子创立了一个宗派叫法相宗,也叫法相唯识宗。过去的翻译都是由许多人共同参加,组织译场。玄奘在皇帝的支持下,在全国范围内邀请了有学问的十名高僧来参与译经,翻译的经费由国库支付。唐太宗还指派一名宰相级的大臣来负责协调及人力支持等事。所以,玄奘的译经工作是比较顺利的。前后共翻译了一千三百三十五部。而且,唐玄奘的译经带有很强的学术性,一边翻译,一边讲解,听讲的人也有几百人。参加翻译的人差不多都成了法相宗的信徒,但也有不赞同他思想的,如后来成为华严宗创始人的法藏(贤首),开始参加唐玄奘的译经,后来发现跟自己的思想不一致,就离开了。这样的翻译,一边翻,一边讲,还解答听众的提问,从而培养了大量的人才。

《西游记》与唐玄奘取经的关系

由于唐玄奘取经是一件大事,故事的流传很广泛。玄奘取经回国后,口述西域诸国见闻,经历百余国,由弟子著有《大唐西域记》,这是《西游记》原早的根据。明朝吴承恩写了《西游记》。比如说八百里流沙河,就跟《大唐西域记》中的原始记载接近;白龙马的原型则与唐僧取经途中乘用一匹老马有关;《西游记》中多次讲吃了唐僧肉可以延年益寿,又与唐僧遭遇人头祭是分不开的;还有小说中的火焰山、西凉女国等,也从玄奘记载的事实或传说中找到了根据。

唐玄奘取经的现代启示

任何一个新的认识的形成,都是在旧的认识的基础上进行的,这是认识活动的规律。人类的认识就是不断加深认识,纠正失误,丰富新知识,这样积累起来的。凭空的认识是不存在的。文化的发展是一个不断积累的过程,在旧的基础上增加新的内容。文化既要继承,又要发展。文化没有暴发户,不可能像炒股那样一夜之间就暴富。文化也不能突击,只能在原来的基础上有所提高。新旧文化之间的继承关系非常重要。文化要发展,当然也离不了交流,离开了交流,它就停止了。比如西藏佛教的几代大的活佛,比如宗喀巴以及达赖、班禅等,基本都出生在汉藏交界的青海湟源、湟中等地,西藏内部反倒没有出现活佛。再看看中国近代的情况,一些有影响的思想家和革命家如魏源、林则徐、洪秀全、康有为、孙中山都是从广东、广西等地出来的,思想变革和政治变革也是从两广开始的,比如太平天国、康梁变法、辛亥革命以及毛泽东倡导的农民运动,都是这种情况。先从南方兴起,然后逐渐影响推行到北方地区。南北两种文化的结合和撞击产生了火花,北方跟着南方走,一直到新时期改革开放全国学深圳,仍然是这样的情形。这就告诉我们,今天我们面临的开放时代,应该在两种文化的结合点上,寻找发展的机会和切入点。中国要想发展,非走开放的道路不可。关不住,也退不回去。这一点,早在唐代就已有了先例。当时的开放,使中国和外国双方受益,印度和中国在当时都是文明程度很高的国家,两国彼此交流,互相碰撞,共同发展,不是你吃掉我,我吃掉你。如果没有开放和交流,印度的佛教就不可能那么大量地传进来,中国的文化也很难吸收新的内容。唐以后中国的文化包括佛教文化发生了很大的变化,印度佛教文化的传入是一个很重要的契机,是一个新的起点。

两种文化的交流,还存在势差的现象。一般是水平高的文化,影响和推动水平低的文化,而水平低的一方,则受文化水平高的一方的支配和影响。历史上没有发现低的一方去影响高的一方的现象。就像水流,总是从高处往低处流。基督教在非洲的传播就是基督教影响了非洲的原始宗教的落后文化,基督教在非洲也非常容易地传播开来,被许多人接受了。处在21世纪,面向未来,我们从事文化教育及科研工作的人,必须认识历史发展的总趋势,承认文化交流,利用文化交流来发展壮大自己。既然有文化势差问题,我们就应当尽快提高自己的科学和文化水平,使自己在文化交流中处于比较主动的有利地位,吸收一切可以为我所用的文化。否则,就会在国际大交流中处于被动的地位。自己的文化落后,科学落后,处在被别人影响的地位,就只能跟着别人走。学习研究历史,就是了解过去,给认识现在一个参照点。从历史上看,汉唐是中国文化的发展繁荣时期,汉朝开辟的丝绸之路,使西方(欧洲)知道了中国;利用丝绸之路的对外交流,广泛地吸收了外国的先进文化。唐朝的对外交流,除了大陆的丝绸之路,还有开辟了海上的丝绸之路,沿着登州、泉州、广州的路线出海。中国唐以后的造船业比较发展,又有罗盘针的利用,远洋航行非常频繁。可以使许多人有机会互相交往、互相学习。

唐玄奘取经经过的高昌国在当时是佛教比较发达的地方,但到了10世纪宋朝以后,伊斯兰教传入,高昌国人改信了伊斯兰教,现在在高昌国的遗址上千佛洞所看到的佛像,都被人用刀划破了,壁画也被撕揭了,起初我还以为是外国人想偷佛像和壁画,仔细一看,原来是宗教信仰的变化所引起的信仰冲突。民族还是原来的民族，而宗教信仰完全是可以改变的。玄奘留学印度时，他看到古代印度佛教几乎遍布很多国家，但后来分裂了，有些地区就不再信佛教了，而改信伊斯兰教，如现在的巴基斯坦，就没有一点佛教活动。可见民族和宗教既有区别，又有联系。

一种学说的建立和传播，首先看它自身的价值，但更要看它对社会起什么作用，这种学说是否为当时社会所需要。玄奘翻译的佛经数量和质量都很高，是无可挑剔的，但他所创立的法相宗在中国佛教影响了几十年就消沉了，这一学派影响不算大，玄奘死后不久，法相宗就渐渐地消沉下去了。而禅宗的创始人如六祖慧能就大字不识几个，但禅宗在中国却扎下了很深的根，发展得也很快，从南到北，几乎全是禅宗的天下。这是怎么回事呢？再结合中国共产党在中国的发展，也能给我们很多启示。比如，《共产党宣言》在中国介绍得很早，但并没有生根，直到中国共产党成立后，马克思主义才得到广泛传播。马克思有一句名言："理论在一个国家实现的程度，总是决定于理论满足这个国家的需要的程度。"①我们现在回过头来反思宗教史的情况，也可以看出这个问题。中国古代的四大佛经翻译家，鸠摩罗什翻译的并不多，但流行很广，影响很大；玄奘翻译的数量和质量都超过鸠摩罗什，但他的学说影响反倒不大。问题就在于介绍的不是很适合中国的情况。鸠摩罗什和唐玄奘都是学问很好的学者，这两家学说的命运却不相同。中国还有一个庐山慧远，他与鸠摩罗什同时，学问不及鸠摩罗什，但他在佛教史上的影响非常大，他创立了净土宗，信仰阿弥陀佛，相信今生死后，可以进入西方净土世界。这些

___
① 《马克思恩格斯选集》第 1 卷。

例子都从各个方面、多个角度说明,理论如果结合了社会的需要,这个理论就有生命;如果脱离了社会的需要,再玄妙,再精深,再系统,它的生命力就是很微弱的。唐玄奘的法相宗对人的心理分析非常细致,这对于中国的心理学的发展很有用,但对于解决中国的社会问题却没有帮助。宗教的宣传如果不能吸引听众,就无法广泛地流传。现在有些文章把玄奘讲得似乎有超人的能力,不符合历史事实。玄奘能翻译那么多的佛经,曾得到国库的财力支持,玄奘所具有的条件是许多人所不能比拟的。我们有时候称某人自学成材,似乎就全靠自己的力量,没有任何外部的因素,这是不符合实际的。我们是唯物论者,一定要看到客观世界对人的作用。人的思想似乎完全可以自由地想,比如做梦能做到白天做不到的事,好像很自由,像梦见头上长出了角,梦见飞了起来,这都与现实中所看到的现象、时间、地点错位的结果。古往今来关于梦境的记载很多,从来没有人梦见坐着车跑到老鼠洞里去的,也没有人梦见吃铁棒的。我们研究学问,研究历史,就要了解中国社会,从中国的国情出发,不然,就要出偏差。我们要了解学问本身,还要了解它在社会中的位置。唯物主义的不可抗拒性就是以事实为根据,不能歪曲和臆造。只有充分考虑到社会实际,对社会问题的认识就会更全面、更合乎实际。在这里,还有一个个人与集体、与社会的关系问题。集体与个人的关系是一个辩证的关系,集体给个人创造了条件,反过来个人也应给集体有所回报。这一层关系摆对了,个人在社会上就无往而不利,无往而不胜。如果把社会比作一盆水,每一个人都可以从里面取水来喝,但同时也要往里面添水,如果添的比取的多,社会就繁荣发展,如果只取而不添,那么社会就贫乏,就枯竭萎缩了。这个问题本来很简单。世界观的问题说复杂,可以写好几本书,说简单,就是哪些事可以做,哪些事不能做,哪些事坚决不能做。这三条搞清楚了,人生道路就非常简单,走起来也很平坦,对集体、对个人都可以有无限广阔的前途。

科学研究和人类的进步,可以用"已知 + 未知 + 消化 = 新知识"这个公式来表示。我们已经进入了 21 世纪,创造新文化是我们每一个人的责任,但我们必须在继承已有文化和知识的基础上进行,没有文化底子,碰到什么就收什么,是不能解决问题的。玄奘所提倡的学术没有取得预期的成功,没有产生广泛的影响,就是由于当时的佛学已经走向重书本、重文献、重背诵的末路,不能解决实际的问题,与中国当时的国情不相符合,借助皇帝的提倡、支持可以产生一些影响,但没有旺盛的生命力。跟禅宗比,就没有怎么流行开来。

《西游记》宣扬了不怕困难、克服困难的精神,玄奘取经的故事也是一个不怕困难、不断克服困难的过程。玄奘为了学习印度的佛经,不辞辛苦,历经艰险,他是充满了很崇高的理想的。这就是鲁迅先生所称誉的"民族的脊梁"。一个民族如果没有奋斗的精神,没有理想,那就好比是一个软体动物,永远也站不起来。我们现在在学习和工作中仍然需要胸怀大志,特别是年轻的同志,一定要正确对待理想与现实的关系,不能太脱离实际,但也不能只看到眼前的利害,否则就容易"近视",缺乏动力,民族活力就会衰竭,就会枯萎。

提问:对唐玄奘的了解,一般人大多是通过《西游记》了解的,他的著作现在还能读到吗?

任继愈:唐玄奘翻译的一千多部经现在都保存完好,都能够看得到。一般人看到的比较少,就是因为太专门,也不容易读懂。

提问:佛教造像大约在什么时候开始? 中国的造像是本土就有

的,还是从印度传入的?

任继愈:佛教造像开始于佛教产生的后期,中国的造像则是从印度传入的。

提问:佛教是不是从一创始就非常盛行?

任继愈:佛教在印度,自始至终不是主流,它的地位有些像道教在中国历史上的地位,历史很长,也有很多的信众,但声势并不是最大、最强盛。

提问:中印佛教对僧俗问题有什么不同?

任继愈:印度早期的佛教,宣传出家之后就不再关心世俗之事,与家庭完全脱离关系,也不再关心国家大事,也不敬仰父母。中国佛教与印度佛教不同,僧人出家,还要尊敬父母,忠于国君,僧人也提倡忠君爱国。所以中国的寺院有的称为"护国寺",有的称"报国寺"。他们认为佛教为国家在培养大德之人,是大忠大孝。慧远在庐山讲经,就讲诵儒家的《丧服经》,阐述服丧的问题。与印度佛教不同。玄奘从印度回来后,回家去看他的一个老姐姐,这在印度也是不允许的。一旦出家,不要说姐姐,父母亲也没必要看望。

提问:早期传入中国的佛教是大乘还是小乘?

任继愈:早期经由西域(中亚)传入中国的佛教主要是小乘佛教,用的是胡文(西域当地文字),有"译胡为汉"之说,后来直接由印度传入,以梵文翻译,所谓"译梵为汉"。

提问:佛教与基督教、伊斯兰教等相比,似乎更具有开放性,似乎什么都讲,既有神,又有人,怎么理解?

任继愈:任何宗教都具有排外性,有时候甚至发展到武力冲突的程度。佛教还是讲神的,佛不承认其他宗教的神,佛本身就被信徒们奉为神,菩萨是低一个等级的神。

五台山文化是中国传统文化的缩影①

——"五台山佛教文化国际学术会议"上的讲话

我虽然人在北京,可是心里时刻惦念着五台山的研究和发展。在白清才同志的关怀下,五台山研究会成立了。之后,又办起了专业杂志,而且办得很好。看到事业的兴旺发达,我非常高兴和感动。再加上今天在座的有这么多年轻人参会,更增强了信心,我们的事业前途无量。五台山研究会在开始成立的时候,我们就考虑到五台山文化为什么是这样一个名称呢? 因为中国是一个多种民族、多种信仰的国家。信仰佛教的人比较多,而信仰道教、伊斯兰教、基督教等别的宗教的人也不少。宗教信仰是个人自愿,有它的限制,信仰这个教,就不信仰那个教,可是宗教文化不受限制。我这个佛教徒可也对伊斯兰教、基督教的文化很欣赏。比如每年到龙门石窟、敦煌石窟参观的人很多,佛教徒毕竟是有数的,佛教徒以外的游人更多,因为,文化只要它是真实的、美的、有价值的,不分种族、不分国界、不分性别、不分年龄,都会爱好、喜欢它、接近它,而且,文化是与世界沟通的纽带,中国有十三亿人,到过欧美的人没有多少,但对欧美的了解,对西方的音乐、美术、艺术、戏剧等都很欣赏,因为文化、美的欣赏不受地区、国别、民族差别限制。

---

① 本文是作者在"五台山佛教文化国际学术会议"上的讲话稿。原载《五台山研究》2002 年第 3 期。

五台山文化是中国传统文化的缩影,中国传统文化的精华部分很多方面都可以在五台山佛教文化的范围里体现出来。如汉传、藏传佛教及其他一些宗派都在五台山传播下来了。

佛教文化范围的涵盖面比较广,比如说,敦煌的艺术之所以吸引人,一个是其宏伟的石窟建筑,但我想更主要的是其显示出来的佛教艺术,特别是其造型艺术——壁画、彩塑;再比如说,佛教音乐,非常精彩,非常吸引人。据我所知,佛教音乐出国宣传的有:北京的智化寺到过欧洲,很受欢迎。我参加过一次五台山南山寺的佛教音乐会,觉得很好,很吸引人,很感动人。佛教音乐作为一个文化分支,应对其加强研究、开发、利用和宣传,使其打出去,走出山西,走出国门。在佛教文化中,诸如建筑寺庙、佛塔不能移动,但音乐不同,它可随人而移动,可以到很多地方。云南丽江是纳西族人集中居住的地方,他们的音乐很受国内外欢迎,到北京,也到过欧洲和其他一些国家演出。所以,我觉得我们五台山的佛教音乐也可以考虑把它作为研究、开发、扩充、推广的内容。因为音乐本身就有中国文化的内涵在里面。

五台山的文化研究刚刚开始,也是一个很好的开端,前面需要我们做的事情还很多。中国以前没有《五台山佛教史》。自从五台山研究会成立以来,崔正森同志写了一部《五台山佛教史》,这是前所未有的一项著作,是一项开创性的研究工作,这并不是说这部书已十全十美,因为任何一本书,都不能说十全十美,还需要发展,还需要深入研究下去。五台山佛教文化,佛教的流派、各派历史研究,也是刚刚开始起步。很多课题,还需要我们进一步去做。

再有,就是佛教的比较研究,比如佛教四大名山的比较研究,目前还没有进行。这种比较研究势必会推动我们五台山的研究。这种研究做好了,对整个中国的文化史都有好处。敦煌的壁画里就有五台山,因而也可以看看在中西文化交流中的丝绸之路的开辟上,五台山的文化起了什么样的作用,对世界起了什么样的影响,也需要进行深入研究,也是刚刚开头。所以说,我们应当研究的问题很多很多。由此,我们也可以把研究基围延伸扩大到五台山的生态研究。因为生态是五台山文化的一部分,与五台山佛教有着密切关系。我从事哲学社会科学研究多年了,有一种突出的印象、一种紧迫感,就是我国的自然科学、技术科学发展较快。因为形势逼人,落后就要挨打,社会各阶层人士都有这种体会。但对社会科学的重视,是不是像重视自然科学、技术科学那样呢? 我觉得显然不够。这一方面应该大声呼吁,来引起各方面的重视。同时,也要看我们的工作是否做到了前面。工作做得深、做得透,才容易得到各方面的认可、支持。

说到我们的五台山研究会和《五台山研究》杂志,一开始创办的时候,我也参与此事。由此,我想到印度国际大学,它培养出了许多国际知名的人士,我们中国人在那儿留学的也很多。这个大学的章程规定:校长由印度的政府总理来兼任,政府总理变更,校长也同时变更。这样,学校的发展不受政权变更的影响。根据印度国际大学的经验,我在参加山东墨子会时就建议该学会参照印度国际大学的做法,学会会长由山东大学书记来兼,副会长由学会所在地的枣庄市委书记来兼,这样对学会的发展稳定有帮助。该学会采纳了我的建议,效果很显著。山东大学很重视后备人才的培养和学术研究,这样学会便不感到后备空虚,学会的一些困难也可由当地政府来协助解决。墨子学会的规模现已很大,建有墨子纪念馆、演示厅等,大力宣传墨子的科学思想。学会、纪念馆的发展,也带动了旅游的发展。山东也是一个文化大省,景点、名胜很多。到山东参观孔庙、孔府时,中间就经过墨子的故乡滕州。这样连成一片,对旅游者来说是一件好事。不仅方便,而且受益,既让旅游者感到中国是一个古老文明的国家,又使其在看到自然风光的同时,也领略了中国博大深厚的文化底蕴。这自然对地方的经济发展起到了推动作用。

由别省的启发我想到山西,山西的文化资源在国内相当丰富。其文化的悠久性与陕西、河南差不多,保存下来的地上文物建筑是全国最多的,特别是夏、商、周以来最多。所以,我们的旅游景点,如果也给它加入文化素质,加以充实,对来旅游的人讲解一下旅游景点丰富的人文、历史内容,使他们印象深刻,口口相传,这本身就是一种很好的宣传。如听听佛教音乐、参观佛寺建筑等等。如果佛教舞蹈也能恢复,那就更好了。这样比一般流行音乐要深刻,有价值,使旅游者受益匪浅,对本地的国民素质教育也有好处。

以前,山西对全国贡献廉价的煤,为全国提供了光和热。但,以后只靠这一项就远远不够了,要想办法发展我们的"朝阳产业",像初升太阳那样的产业。像五台山佛教文化就是这一方面的重要发展方向。如果我们做得好、做得深入透彻,文化旅游对山西经济的发展有着实际的意义。别的技术需要保密,需要产权、专利,而文化的传播,我们中华民族向来以宽宏大量来接纳各方流派,来者不拒。正因为中国文化有着这样博大的气魄,才成就了汉、唐的盛世局面,才得到了世界的重视。汉、唐后的文化高潮,我估计在21世纪的前半叶就有再现的可能。因为文化的发展与经济的步调基本一致。在经济发展之后,必随着出现文化发展的高潮。中国的历史已经证明了这一点。唐朝文化的发达在唐玄宗的时候,清代文化是在乾隆时最发达,都是在建国后五十年到一百年之间。我们建国已五十年了,再有五十年,全国进入小康生活,达到中等发达国家水平,那时文化的要求和欣赏水平会比现在有很大的提高。所以说,我们文化高潮的到来并不遥远。问题是在座的各位年轻人都要有思想准备,我们用什么,怎样来迎接我们的文化高潮。《五台山研究》的同仁也有这个责任、义务,来把它发扬光大。我相信在大好形势下,沿着正确的道路,会把五台山文化搞上去。《五台山研究》杂志在国际、国内都已经引起人们的关注,希望这个刊物,不仅办下去,而且越办越好,因为这是一个宣传五台山、研究五台山的园地。

今天,五台山研究取得了这么大的成就,是与各位领导、同志的努力分不开的。我人虽不在五台山,但心却经常惦记着五台山的发展前景。我们中国既古老又年轻,这是一个特点,也是一个优点,更是一个优势。世界上许多国家虽然古老却不年轻,像古希腊、古埃及、古巴比伦。古埃及文字、古希腊文字,今天的希腊人都不认识,更说不上使用了,已成为死文字。但我们的汉字,从甲骨文到现在仍然在用。我们山西的文化、五台山的文化与我们国家的文化一样,也有这个特点,既古老,又年轻。我们的前景无限光明。我还有一个很迫切的感觉,就是我们的年轻人要跟上来,要尽快培养接班人。有了人才,我们的种种设想和蓝图才能实现。人才接不上,再好的计划,实现不了,没有用。我很高兴,看到我们山西的各级干部,特别是最近几年来,干部的知识化、年轻化很显著。在座的申维辰部长就是一个年轻有为的很好的领导。这样的人才多了以后,成了一个群星灿烂的局面,我们的山西会大有前途、大有希望。

道家与道教①

　　世界有三大宗教,即佛教、基督教、伊斯兰教;中国也有三大宗
教,即佛教、道教、儒教。中国的佛教与世界三大宗教有交叉。

　　佛教与道教主张出世,宗教职业者、专一的信奉者要出家,不过
世俗人的生活。儒教主张入世。儒教、道教是中国自己的土壤里生
长起来的,具有中国特色,佛教为外来宗教,其生活习惯、服装、礼仪
与儒、道不同。儒、释、道三教并称,并得到社会广泛认可,那是在隋
唐时期。南北朝已有三教的说法,但不普遍。国家每逢重大节日,诏
三教公开辩论,北周已开始,唐代成为制度。大文学家白居易有好几
次在三教辩论中代表儒教发言,《白氏长庆集》还保留有他参加辩论
的发言提纲。佛教的著作和教义比较明确,唯独对道教的意义的理
解比较含混,道教内部和反对道教的人士也没有讲清楚。

　　先说道家。学术界长期流行一种见解,认为老子、庄子为道家,
这是一种误解。春秋战国时期,只有老子学派、庄子学派。老子与庄
子没有直接的传授关系。老子或庄子从未自称为"道家",只在儒家
自称为儒,墨家自称为墨。儒墨两家各有自己一派的传承关系。孔

---

　　①　据《任继愈学术文化随笔》。原载《文史知识》1987 年第 5 期,《人民日报》
1987 年 6 月 14 日第 8 版曾以原题摘登。曾收入《任继愈宗教论集》。

子、子思、曾子、子夏、孟、荀均有传授关系，墨家有巨子相袭制度。儒墨两家，系统清楚，号称显学。汉代司马谈《论六家要旨》第一次提出"道家"名称。司马谈的道家反映了汉朝政治统一后，思想界趋向统一的思潮趋势。秦及汉初有许多学派反映统一的趋势，秦朝有《吕氏春秋》，汉初有《淮南子》，后来有董仲舒的哲学思想。汉初道家是吸收儒、墨、阴阳、名、法各家思想的长处而创立的新体系。老子、庄子都是阴阳、名、法出现以前的人，前人怎能吸收他们死后的人的思想？这个"道家"乃是黄老思想的一个分支，与先秦老子、庄子关系不大。

老子是哲学家，不是宗教家，也未创立宗教，与古印度的释迦牟尼一开始就是宗教家，创立佛教的情况不同。老子的著作是学术性的，不是宗教性的，也与佛教经典不同。老子被拉进道教，并奉为教主，那是很晚的事了。东汉末年，汉中张鲁信奉五斗米道，令信徒们念《老子》五千文。念《老子》的也只是巴蜀的五斗米道，影响地区仅限于汉中地区。中原广大地区的道教徒信奉《太平经》，这是一百多卷的大书，内容庞杂，没有多少老子的思想。

道教是中国本土的宗教，它形成于东汉末年，方术、巫术是它的前身。神仙方术信仰由来已久，古代巫、史、祝、卜是与神打交道的专家，他们处在国家的领导层。民间巫术用符水治病，借卜筮占吉凶。战国以后，神仙方士宣传不死之药可以长生，投合上层贵族要求长期享乐的欲望，得到他们的支持；广大群众缺医少药，方士们用符水治病，驱鬼祭神，在下层群众中也得到推广。早期道教还没有系统的理论。到了东汉末年，天下大乱，民生困苦，于是出现了《太平经》。此书成书时间约在东汉安帝、顺帝统治时期，此书为集体创作，书成于于吉、宫崇等人之手①。

关于老子如何被道教捧上教主的地位,现在还无法做出准确的说明。从时间推断,应在东汉时期。首先出现在宫廷和上层贵族阶层。光武帝儿子楚王刘英,"晚节喜黄老,学为浮屠斋戒祭祀"。明帝诏书也说"楚王诵黄老之微言,尚浮屠之仁祠"(《后汉书·光武十王列传》)。到桓帝时(在位时间是147—167),延熹八年(165)正月遣中常侍左悺赴苦县祠老子,十一月使中常侍管霸赴苦县祀老子,九年(166)在濯龙宫祠老子。桓帝"好神,数祀浮屠老子。百姓稍有奉者,后遂转盛"(《后汉书·西域传》)。这里透露老子被道教奉为神,与先秦的老子无甚关系,而是与西方的佛教与本土的黄老信仰搭伴,以教主的形象出现的。求神佛保佑,祈福延年,是少数上层贵族享有的奢侈品,然后再普及到下层社会,"后遂转盛"。

道教建立后,沿着两条路线传播。上层路线与历代朝廷、官方相配合,可以称为正统的官方道教。还有在社会下层广大群众中传播的道教,它与民间巫术、符咒结合得比较紧。农民起义也往往利用道教这个组织形式。黄巾起义就是第一次道教与农民运动相结合的例子。宋代的方腊,清末的义和团也大体归为这一类。

理论研究,典籍著作,教义发挥,与佛教之间长期互相争辩,也属于官方道教。从北宋开始编辑道教全集《道藏》,多达七千多卷。

官方道教与民间道教并不是绝对对立。如符咒、炼丹、气功等民间与官方的道教都很重视。佛教到后期,大乘兴起,崇拜的偶像越来越多,引出了许多佛,不止释迦牟尼一位。道教到了南北朝时,老子已不占重要地位,老子这个形象也被塑造得更加神秘,演变成"太上

---

① 见熊德基:《太平经的作者思想及其与黄巾和天师道的关系》,《历史研究》1962年第2期。

老君"。道教的神也越来越多,有等级品位。道教的神与佛教不同处,还在于除了男神之外,还有许多女神,女神也不像庄子寓言中的藐姑射之山的不食人间烟火的女神,更多的神是结了婚的某某夫人。

历代反对道教的学者,对作为思想家的老、庄和作为宗教组织的说教不甚区别。唐朝的韩愈反对佛老,"佛"是宗教的佛,明显无误;"老"是太上老君,还是《道德经》作者老子,他没有讲清楚。宋代的大哲学家朱熹,直接继承了韩愈的道统说,崇儒家,排佛老,佛老并称"二氏"。朱熹驳斥佛教也指明是释迦氏之教,他驳斥的道教更多的情况下指的是老庄。这种长期的误解,连清代大思想家王夫之也未能避免。他批判"二氏",涉及道教系统时,重点没有放在道教上,而是指向老庄哲学。老子哲学讲无为、清静、抱一,与道教的宗教修养有关,但老子的哲学思想体系,与道教毕竟有所不同。"道家""道教"长期混用,成为习惯,如近人陈垣先生搜集历史道教碑刻,汇编成集,名为《道家金石略》。陈先生是研究宗教史的专家,老庄哲学与东汉以后的道教,他是清楚的,他也把"道教"写作"道家"。可见积重难返。

为了避免长期积累下来的观念含混,有必要把道家与道教严格区别开来。总括起来,有以下四点值得注意:

(1)先秦无道家,只有老子哲学、庄子哲学,以及与他们的哲学相应的老子学派、庄子学派。

(2)汉代的道家代表西汉时期融合各派的一种思潮,它以黄老清静无为思想为基础,包括儒、墨、阴阳、名、法各家的部分内容。

(3)学术界习惯把老庄学派称为道家,是后起的一种学派分类观念。东汉时期严君平《老子指归》开始有了以老庄为道家的倾向。魏晋玄学早期"老庄"联称,后期"庄老"联称。魏晋以后,以老庄为道家的分类法得到承认。这个"道家"不同于司马谈的道家,仍属于哲学。

(4)道教是宗教。它有团体、教派、教义、宗教规范仪式、宗教组织、固定数量的信徒、固定的教派传授系统、共同信奉的经典、固定的传布地区等。以上这些特点,使它区别于道家,与儒、佛并称为三教①。

以上四点是用来区别道家与道教的标志。

道教是中国土生土长的宗教,不像佛教那样有广泛的国际影响。但也不能说道教作为宗教的影响只限于中国,道教对日本影响就很大。日本的神道教与日本天皇及朝廷的制度,有不少道教的影子。最近日本道教研究专家指出:(1)日本天武十三年(685),为行使中央集权,制定"八色之姓",八姓中"真人"列为第一等级,"真人"为道教术语。"天皇"一词也源于道教。(2)象征天皇的两种神器,镜和剑,都是道教的法器,用以照妖降魔,天皇传位时,以镜和剑授予新天皇。(3)天皇宫廷尚紫色,道教称上帝居紫微垣,天皇宫殿门称"紫门"。推古女帝即位第十一年(603),圣德太子制定六色十二阶冠位,大化三年(647)制定七色十三阶冠位,只有最高官位阶得用紫色。唐宋规定紫色为高级官员的服色,和尚、道士中有声誉、地位的得赐紫衣。唐文化习尚,也影响到日本宫廷贵族。(4)祝天皇长寿的祝词,据《延喜式》载:"谨请皇天上帝,三极大君,日月星辰,八方诸神,司命司籍,左东王父,右西王母,五方五常,四时四气,捧以银人,请除灾祸。捧以金刀,请延帝祚。咒曰:东至扶桑,西至虞渊,南至炎火,北至弱水,千城百国,精治万岁,万岁。"这完全是抄自道教的祠祀词

---

① 三教中儒教算不算宗教,学术界有争论。我在《中国社会科学》1980 年第 1 期有专文论述,这里不重复。

句。只有在中国方位才好说东至扶桑,日本即扶桑,不必称东至。
(5)天皇拜四方仪式,据《江家次第》载,"圆融天皇天禄四年(974)元旦拜四方仪式,天皇朝北遥拜北斗七星中的本命星,并念咒文曰"贼寇之中,过度我身,毒魔之中,过度我身……魔魅之中,过度我身,万病除愈,所欲随心。急急如律令"。这咒文也是照抄道教的。(6)神道教。《日本书纪》在《孝德纪》中"惟神也者,随神道也","天皇信佛法,亦尊神道","佛法"与"神道"对置。从奈良到江户,把天皇家族的始祖天照皇大神当作国家神祭祀,立伊势神宫。日本是神国,天皇是神的子孙,是人间神①。

道教的宗教影响,除日本外,朝鲜及越南也有经过改变的道教信仰。

近三十年学术界道教研究的风气遍布全世界。北美洲、澳大利亚、法国、意大利、西德、英国,都有研究道教的学者及研究组织,也出版了不少有价值的著作,日本学者的研究成绩尤为显著。

---

① 参见[日]福永光司教授《日本文化与道教》,该文发表于 1982 年中日学术座谈会《世界宗教研究》1982 年第 2 期,有中文本。

《中国道教史》序①

　　中国三大宗教(儒、释、道)是中国传统文化的三大支柱。学术界对儒教经典研究得较多,对佛教经典研究得较少,对道教经典研究得就更少。造成这种状况的原因甚多,由来已久。按照封建正统观点,认为只有儒家的经史子集才有资格代表中国传统文化,佛教、道教典籍属于旁支,文化价值不大。这是长期流行的一种偏见。清朝编纂《四库全书》,这是中国封建社会最后一次文化丛书结集。共收书三千四百六十一种,七万九千三百零九卷。存目的有六千七百九十三种,九万三千五百五十一卷。两项共计一万余种。其中所收佛教典籍,属于《子部·释家类》,共十三部三百一十二卷。所收道教典籍,归于《子部·道家类》,共收四十四部,四百三十卷。佛、道两家的典籍共计不到一千卷。

　　封建儒家学者们总认为佛道两教的典籍价值不大。我们从中华民族传统文化的整体来看,佛道两教与儒家传统文化同样重要,同样影响着中华民族的文化生活、家庭生活、社会生活以及政治生活。佛教、道教的影响,其深远程度当不在儒家经史四部之下。三教交互融摄,构成唐宋以来中国近一千多年来的文化总体。不研究中国佛教就无从了解中国文化和中国历史,这一点已逐渐被学术界人士所承

---

① 据《中国道教史》序初版。曾收入《任继愈宗教论集》。

认;对道教研究的重要性,似乎没有像对佛教那样重视。事实表明,道教典籍中可供发掘的东西非常丰富,其重要性决不下于佛教,甚至更重要。

道教生长在中国本土,约与佛教同时活跃在舞台上。但道教的命运不济,错过了大发展的机会,让佛教占先了一步。一步落后,步步落后,两千年来,一直没有能超过佛教。唐朝时道教可谓极盛,它得到皇帝的支持,受到特殊的恩宠,道教的信徒人数和天下道观的数量也只有佛教的二十分之一。

汉末、魏晋,天下大乱,老百姓走投无路,往往投靠宗教。那时中央政权对全国失去控制,正是宗教发展的良好时机。由于黄巾起义打过道教的旗帜,黄巾被打败,道教也受牵连,统治阶层对道教存有戒心,有很长时期对道教不敢信任。这时佛教接受了中国封建宗法思想,乘机宣传其三世因果报应轮回之说,扩大了地盘,在帝王、贵族支持下,招纳了大量的信徒。

南北朝时期,北朝道教经过寇谦之的改造,南朝道教经过葛洪、陆修静、陶弘景的改造,取得上层统治者的支持,才有了较大的发展。这中间已比佛教的发展落后了若干年,错过了大发展的时机。在道教典籍的搜集、整理方面,道教丛书的集结工作也比佛教落后了一步。道教有很多做法是从佛教那里学来的。佛教最早把自己的全集称为"一切经",道教编集道教的全集也称"一切经"。由于"一切经"这个名称被佛教占用在先,后出现的道教的"一切经"则称为"一切道经",以区别佛教的"一切经"。唐玄宗时,曾令编纂《一切道经音义》,也就是当时的《道教大辞典》。唐武后时已出现过"道藏"一词,但未能通行,"道藏"一词正式确立,是在宋代佛教"大藏经"以后的事。

宗教的存在和发展要靠民众,为了更大的发展则须依靠政权上层的支持。东晋时期,佛教最有名的推动者道安也懂得"不依国主,则法事难立"。道教的发展、宣传也遵循这一个原则,既注意拉拢上层,也注意普及于下层。有上层的支持,经济来源有保证,为寺院经济创造条件;有下层群众的广泛信奉,才能壮大宗教的声势,才可以更加促进上层的重视。只有上层而下层信徒不足,则缺少存在的基础,难以发展;有下层群众而没有上层的支持,也不能长久①。佛教、道教在中国都有悠久的历史,历久不衰,除了社会的客观原因外,与道教、佛教的主观努力也有极大的关系。他们宣传宗教,既要结交上层权贵,又要俘虏下层群众,针对不同信徒的需要,推行其宗教宣传内容。

道教开始拥有群众是从下层开始的,如东汉的黄巾(内地道教)、张鲁(巴蜀的道教)多以下层群众为对象。中国农村长期愚昧落后,缺医少药②,以符水治病,驱妖捉鬼,祈福禳罪,与民间巫术、占卜、星相、图谶等迷信相结合,道教活动得以广泛蔓延,道教典籍中也保存了这一部分内容。

道教为了取得上层统治阶层的信赖和支持,也尽力满足他们的需要。地主阶级自南北朝以来,形成世袭的特权阶层,他们生活优裕,总希望长期活下去,即使不能永生,也想长寿。道教为了迎合他们的精神生活和肉体生活的需求,向他们推销养生、服食、炼丹、房中等宗教内容。道教外丹教法在南北朝隋唐盛行不衰,即得力于上层贵族特权阶层的信奉和支持。炼丹要耗资财、费人力,穷人不敢问津,中产人家也办不到,只有特权阶层大贵族对此有兴趣。

---

① 隋唐时期的"三阶段",在下层流传颇广,后经政府取缔,终归消失。
② 当前尚且如此,两千年前的农村可想而知。

道教和其他宗教一样，着重宣传神的启示，自称他们的典籍，为神仙颁赐，他们制造文书，以宣达神意，因而道教中颇多书法家。最有名的王羲之手写《黄庭经》与道士换鹅的故事流传甚广，王羲之是世代信奉天师道的道教徒。

道教宣传的重点和宣传内容都保留在道教的典籍里，从今天保存下来的《道藏》可以窥见道教发展变迁的各个侧面。从汉末到明清，社会思潮不断变化，与社会思潮相适应，佛、道、儒也在变化，三教之间又有互相影响、互相渗透的关系，这种互相融通、渗透的关系也表现在道教的典籍里。

综观道教发展的历史，可以分为四个段落（或称为发展时期）。

南北朝时期，道教得到当时帝王贵族统治者的支持，跻身社会上层，这是它的第一个发展时期。唐朝皇族与老子攀亲，自称李耳的后裔，政治上予以扶持，大力推行道教，这是第二个发展时期。北宋真宗开始，后来徽宗继续崇奉道教，用道教麻痹人民，陶醉自己，借以遮盖北方强邻压境造成的耻辱，这是道教发展的第三个时期。明代中叶，帝王迷信道教，妄图成仙，道教曾受到皇帝宠遇。皇帝纵容道士干预政治，参加政府内部的权力争夺，这是道教发展的第四个时期。

元朝初年道教也曾受到皇帝的重视（如丘处机），但元朝统治者不专重某一种宗教，对基督教、伊斯兰教、汉地佛教、藏传佛教也都重用①。中间还有一次焚毁道经的劫难。

明中叶以后，国力衰竭，内忧外患，朝廷自顾不暇，对道教不能从财力上支持。清朝当权者及上层贵族起自关外，承袭萨满教传统，对道教不感兴趣，道教历代享受的特殊宠遇有所裁抑。道教发展在上

---

① 道教为了装点自己，故意把元朝皇帝说成一个道教信奉者，正如印度佛教徒把阿育王说成佛教信奉者一样。阿育王除保护佛教外，也保护其他宗教。

层社会受阻,势力转入民间,转变成秘密宗教团体。这些民间宗教也有自己的经典,但不被政府承认,不能公开传播。日后如重新编辑"道教全书"(或称"新道藏")时,流传于民间的这部分道教典籍应当收入。

《道藏》中所保存的若干思想资料在中国思想史上占有重要的地位。它与佛教一样,在这里都有所反映,各个时代的重要哲学思潮及其资料丰富了中国哲学史的内容。如魏晋以后,哲学界关心和讨论的中心问题是"本体论"。以本体论取代两汉的宇宙构成论。这一变化,说明中华民族理论思维的深入和提高。从本体论转入心性论,是中国哲学史发展的又一次提高。在隋唐时期,佛教各大宗派,如天台、华严、禅宗都各在自己学术领域里有所建树,佛教的心性论处在时代思潮的领先地位。道教的理论也适应了这一时代思潮。世人论道教内丹之学,多认为它由外丹发展而来,这种说法不为无据,但还不能算全面地说明问题。内丹说,实际上是心性之学在道教理论上的表现,它适应时代思潮而生,不能简单地认定内丹说的兴起是由于外丹毒性强烈,服用者多暴死,才转向内丹的。"内丹说"在道教,"佛性说"在佛教,"心性说"在儒教,三教的说法有差异,而他们所探讨的实际上是同样的问题。以道教来看,《抱朴子》的"道"的理论已偏重于本体论,但不纯熟。唐代司马承祯的坐忘学说则是典型的心性论。当时道教与佛教相呼应,各自从自己的立场阐发心性之学。佛教道教倡导于前,儒教反而显得落后,后来韩愈、李翱等人也跟着探索这一领域,这种理论兴趣和思维水平到唐末、五代更加成熟,成为学术界的中心议题。宋代理学兴起心性论与治国平天下的封建政治学说相结合,形成理论完备的儒教体系,成为心性论的主力。佛、道二教没有能够继续发展,仍停留在原来的水平上,反而落后了。

金元时期出现的全真道及其相关的教派,它与以前及后来的许多道教流派不同,这些特异的道教的政治背景前辈学者有很好的论述①。应当指出,金元时期的全真教把出家修仙与世俗的忠孝仁义相为表里,把道教社会化,实际上是儒教的一个支派。儒教在宋代形成后,成为中国封建社会后期的思想支柱的中心力量。南宋灭亡,儒教并未受到损伤,朱熹建立起来的儒教体系在元代几乎全部得到继承,政统转移,而道统赓续。皇帝换了姓氏,中华民族的传统文化反而凭借元朝强大武力推广到更边远的地区。儒教势力强大,体系完整,超过佛道二教,其实,它包含了佛教、道教的心性修养内容。

研究道教,不能离开佛教,也不能离开儒教。佛教与道教看起来长期有争论,事实上这两教基本上同兴衰、同荣辱、同命运。佛道两教均受过政治压迫、迫害,佛教遭受的政治打击的次数比道教还要多些,原因在于他们的势力强大,达到与国争利的地步,政府就出来干预。佛道两教互相吸收,道教吸收佛教的东西更多于佛教吸收道教的。唐代为三教鼎立,唐中叶以后的总趋势为三教合一。宋以后儒教形成自己的庞大体系,以釜底抽薪的方式,从内部吸取佛道二教的修炼方法,如静坐、养神、明心、见性等,这都是孔孟所未讲的新内容。儒教从佛道二教那里补充了新内容。

中国的佛教早已中国化,佛道两教相比较,道教更具有中国封建社会农民型的朴素意识,道教似不及佛教机巧。道教在佛教初传入时帮了佛教的忙,佛教势力壮大后却反戈相击。像《老子化胡经》这一段公案,先后聚讼达千年之久。老子化胡本属无稽之谈。佛道两教争高下,道教没有倾全力从理论上争是非,而是采用农村乡里间争

---

① 见陈垣先生《河北新道教考》等有关著作。

辈分的方法,编造事实,抬高老子。佛教初传入中国,为了便于立足,希望与中国名人拉上关系。佛教徒中不乏饱学之士,他们并不是看不出老子化胡说的荒谬,但他们忍让着,任凭《化胡经》广为流布,并不进行反驳。佛教显然是利用道教为自己开路①,可以认为双方互相利用,毕竟佛教利用道教的成分更多。等到佛教势力强大到足以自张一军时,则发动教徒,利用一切手段攻击《化胡经》,最后一次大辩论发生在元朝,假借元朝统治者的干预,连道藏的经版都销毁掉。当然,流传了千百年的《化胡经》,山陬海隅,所在多有,光靠一次行政禁令是毁不尽的。

道教研究室的多数同志,曾以集体力量,花了多年时间把道教全集——《道藏》检阅了一遍,并撰成《道藏提要》一书,现已交中国社会科学出版社出版。对几千卷道教典籍的内容、时代、作者,提出了自己的看法。在这样扎实的基础上,我们写出这部《中国道教史》。有几分材料说几分话,我们不尚空谈,力图避免华而不实的学风。撰写人承担的篇章,基本上是他们研究的专题的一部分,对作者来说,比较驾轻就熟。各章节之间,看来是独立的专题,但各专题之间独立而不是孤立,我们照顾到其上下左右的联系,向读者提供中国道教发展的整体印象。

这部《中国道教史》是集体撰写的,文体作风难求划一,我们力求规范化一些;篇章之间难免略有交叉,我们力图安排得合理一些。学术研究有继承性,我们尽量利用前辈研究的成果,如刘师培、陈垣、陈寅恪、汤用彤、陈国符、王明诸先生的著作;日本学者吉冈义丰、大渊

---

① 汤用彤先生说:"汉世佛法初来,道教亦方萌芽,纷歧则势弱,相得则益彰。故佛教均藉老子化胡之说,会通两方教理,遂至帝王列二氏而并祭,臣下亦合黄老、浮屠为一,固毫不可怪也。"(《汉魏两晋南北朝佛教史》,中华书局,1983年版,第43页)

忍尔、福永光司等教授的成果，也给我们以重要参考帮助，这些都随文注明。

本书在上海人民出版社积极安排下得以早日问世，在这里表示感谢。

《中国的道教》日译本序①

世界有三大宗教(基督教、佛教、伊斯兰教)影响着世界广大地区的群众。中国也有三大宗教,即儒教、佛教、道教,这三大宗教构成中国传统文化的三大支柱。它影响着中国人民的社会生活、政治生活、文化生活和家庭生活。

佛教、道教、儒教在隋唐时期(6—8世纪)三教并重,三教的势力呈鼎立状态。宋元以后,儒教得到朝廷大力提倡,同时吸收佛教和道教的心性论内容,逐渐占有强固地位,佛道两教退居次要地位,与儒教配合,起着协助教化、安定人心的作用,都得到政府的支持与保护。

中国历史上佛道二教在某些特别情况下曾分别遭到过打击与限制,风浪过后,又恢复正常活动,照旧得到保护,三教的传播从未中断过。

佛教传入中国,先在宫廷及上层贵族中传播。译经者和他们的助手不乏文人学者。道教开始流行于民间,基本信徒多属下层农民群众,一般说来,道教信徒的文化知识水平比佛教的低一些,著名的学者相对来说比佛教的少一些。由于道教起自民间,它吸收了当时流行于民间的符水治病、巫术、占卜、星相、图谶等内容。佛教导源于上层社会,后来也普及到下层;道教导源于下层社会,后也推广到上

---

① 原载《世界宗教研究》1995年第2期。

157

层。由于导源不同,二教典籍中很自然地反映出它们的原始烙印。

儒、佛、道是中国传统文化的组成部分,研究中国文化和历史,则必须了解中国的三教。儒教在宋元以后占据重要地位,人们不会忽视它的存在和作用。佛道二教的研究相对来说,力量较弱。佛道二教相比,中国学术界对佛教研究起步较早,从事研究的人数较多;道教研究起步较迟,人数也较少于佛教。近二十年来,中国学术界对道教研究逐渐关注起来,专业研究机构、专门著作、专题研究逐渐增多,道教研究的专家、青年学者也逐渐成长起来,金正耀博士是其中的一位。

道教有千余年的历史,典籍浩繁,典籍中除了有关教义、教派、历史文献外,还有一部分内外丹法的学问。要求研究者除了宗教、历史知识外还要有化学、医学、生理等自然科学训练。这是道教研究不同于儒、佛二教的地方。

金正耀博士是中国研究道教的青年学者,他具有研究道教的双重基础(宗教学与自然科学),他写这部小书,用深入浅出的手法向读者介绍了道教的概况,在国内受到读者欢迎。

这本新书译成日文,与日本读者见面,是一件好事。中日两国是友好邻邦,儒、佛、道三教对日本人士并不生疏,这三教的典籍由汉文译为日文,由日文译成汉文的难以数计。这表明中日文化交流的宏伟事业,两国学者各自做出了贡献。日译本《中国的道教》的出版,在两国文化流中又新建了一座桥梁。借此机会,向翻译者日本大正大学宫泽正顺、清水浩子、伊藤丈等三位先生和平河出版社表示感谢。祝愿中日人民世代友好,文化交流繁荣昌盛。

金正耀《道教与科学》序①

儒、佛、道三教是中华民族传统文化的三大思想体系,也是中华民族千余年来赖以维持统一、安定的主要思想支柱,号称"三教"。

儒教是维护封建宗法制度的主力军,成为历代统治者重视的思想体系,自不待言。佛教传入中土后,立刻与中国的封建宗法制度相结合,形成中国式的佛教,影响也很广泛。道教产生在中国本土,宣传救世福音,大可以治国,小可以治身②,它反映了中国封建制度下小农经济的宗教观,有广泛的社会基础。

佛教比道教先得到政府上层贵族的支持,先占领信仰阵地。因道教开始时曾与农民起义有牵连,农民起义被打败,道教一度遭到政府的限制③,它的发展不如佛教顺利。道教为争生存、求发展,不断吸取佛教传教的成功经验,注意拉拢上层,取得统治阶层的支持,南北朝以后,也逐渐成为官方宗教。南方东晋葛洪以后,刘宋时期有陆修静,萧梁时期有陶弘景,北方有北魏时期的寇谦之。他们建立道教组织,整理道教典籍④,取得帝王贵族的信任,争取群众信奉,造成与儒、佛分庭抗礼的鼎足形势。南北朝后期,朝野上下都承认,中国有"三

---

① 据《念旧企新——任继愈自述》。金正耀《道教与科学》,中国社会科学出版社 1991 年、台湾晓园出版社 1994 年版。

② 道教早期经典《太平经》即宣传治身治国相一致的理论。

③ 东方有黄巾,西方有巴蜀,汉中有张陵、张鲁。

④ 道教典籍有的编写,有的从佛教移植。

教"的存在。

晋道安是佛教的重要领袖,他总结出一条传教经验:"不依国主则法事难立。"①这条经验同样适用其他宗教。没有政府的支持,宗教难得立足,更说不上发展。道教在南北朝时期十分重视争取上层贵族的支持。道教的基本说教为治国、养生。治国只能间接发挥辅助作用(直接发挥作用的有儒教),而养生正是道教的专长,这一点比佛教更有吸引力。

道教养生在于祛病延年。上层贵族不但要养生,还要长生,因为他们生活优裕、豪侈,企求永远延续下去。秦始皇、汉武帝都是英明的皇帝,却甘心多次上当受骗,以图侥幸于万一,一心想当神仙。南北朝以后,科学水平超过秦汉时期,祛病延年的药物也较前丰富。道士们通过他们的宗教实践,的确也给当时科学、医学提供了不少有益的经验。

应当指出,即使真理,走过了头也会陷于荒谬。长寿是用保健、防疫、祛病等科学措施换来的。长寿总有一个限度,如果企望把长寿变成永远不死,势必把科学引向荒谬。正如节约能源,使之有效利用,是科学;如果企图不用能源凭空产生能量,就是反科学的妄想。

近半个世纪以来,道教研究引起了国内外学术界的重视,这是可喜的现象。道教研究的重要性,不待多说,研究的途径和目的却不尽相同。有的希图探索中国古代的科技史,有的要考察中国古代的宗教历史,也有的重点研究道教的文化、艺术、音乐等等。

道教不只有独特的理论,还有独特的宗教实践——如炼丹、服气等。有的知识可从文献取得,有的知识须从实际操作入手。国内外

---

① (晋)释道安:《高僧传》卷五。

有不少道教研究者做出了很有价值的贡献,特别在道教的思想、历史方面成绩较多,但对道教的实际操作方面的研究还不多。也有人对道教实际操作方面有贡献(如中国化学史方面不少有成就的专家),但对道教的理论注意不够。也有人对道教有某种偏执的爱好,也会造成一种偏见,不易做出客观的评价。这类困难,是从事其他宗教研究所不曾遇到的(当然,研究其他宗教又有另外的困难)。

金正耀同志早年曾从事中国科技史的研究,他运用同位素质谱技术研究商代青铜矿料来源,得到了国际同行的重视。取得硕士学位后,又从事道教理论、历史的研究,取得博士学位。在当前通晓道教炼丹操作又通晓道教理论的中青年学者中,像金正耀同志这样在自然科学和历史社会科学两方面均受过严格基础训练的还不多见。

金正耀同志研究道教并不迷信,他力图用历史唯物主义的观点和方法来观察它、剖析它。一个人的头脑里宗教和科学两种思想体系有时并存,在特定情况下,矛盾对立的体系完全可以和平共处。一种庞大复杂的思想体系(如道教)也有类似的情况。尚未暴露矛盾的体系往往被忽略,认为它本来和谐、统一,而不去深入剖析。

金正耀同志的博士论文论述了道教的起源、发展,并能从道教的历史发展中揭示其与科学的关系,如实地区别宗教与科学的界限,在当前一些道教研究专著中,这是比较深刻的一部。说它比较深刻,并不是完美无缺,有的见解还不够成熟。因为它提出了新的东西,尽管不够成熟,也值得提倡、肯定。所以,我很高兴向读书界推荐它。